発達障害の子どもを伸ばす魔法の言葉かけ

幫助遲緩兒的魔法語言互動

shizu 著　平岩幹男 監修　劉好殊 譯

洗手時的語言互動

用餐時的語言互動

一起做料理時的語言互動

散步時的語言互動

遊戲時的語言互動

書泉出版社 印行

序

身為小兒科醫生，與發展遲緩兒（包含自閉症）接觸至今已達30年以上。雖然近年間，社會逐漸重視發展遲緩的議題，民眾對發展遲緩也愈來愈了解。但因為日本國內流傳著許多錯誤的資訊，所以還是有很多發展遲緩兒一直無法得到最適當的治療。

例如，一般會將伴有語言遲緩現象的自閉症兒童視為併有智能障礙，將孩子當作智能障礙兒處理；且並無提供其他任何妥善的因應措施。同時，社會上還流傳著孩子發展遲緩，原因在於父母的養育方式，只要父母給予孩子滿滿的愛即能改善；因此也有許多家長會感到自責、不知如何與孩子相處。

現在已經證明發展遲緩的原因是先天上的腦部機能障礙；且也有許多各種療育法的報告，相關療育機構的數量也愈來愈多。但儘管如此，幼兒期發展遲緩療育上依舊還有諸多的問題。我切身感受到的問題有以下二點：

一是醫療機構很難下診斷。雖然在熟識的機構可以於2歲左右進行幼兒期發展遲緩的診斷，但實際上不少醫療機構會避免在兒童滿3歲以前做出診斷。儘管醫療、保健相關人士指出孩子可能有自閉症，家長也有相同的疑慮，但因為沒有明確的診斷，所以無法採取任何實際行動。因此有很多家長對此感到不安與焦慮。

另一點則是即便得到確切的診斷，但基本上也無法從醫療機構得知實際上自己應該採取的對策。家長也會恐懼當孩子被診斷為伴隨智能障礙的自閉症，或者測驗分數顯示過低（雖然經過療育之後有改善的可能，但機構通常不會做這部分的說明），落得早期評估＝早期絕望的下場。也有家長懷抱著諸多不安各處奔走尋求相關資訊，但好不容易找到的療育機構，孩子接受了療育也不見療效，因此煩惱又更加劇。

相對地，在這30年間，北美等發展遲緩療育研究較先進的國家提出了大量報告證明許多發展遲緩兒在透過療育之後都有驚人的成長。其中最具代表性的療育法為ＡＢＡ（Applied Behavior Analysis:應用行為分析）。其實ＡＢＡ約在20年前就已經傳入日本，但並不普及，只有部分專家在進行研究，並沒有充分地運用在實際治療中。

ＡＢＡ有許多執行方法，但根據採用的執行方法有時會帶給日常生活極大的負擔。其實，ＡＢＡ的基本方法並不難；只要理解ＡＢＡ的概念並執行以此為基礎的應對方法，就能看到發展遲緩兒的驚人成長。

本書作者shizu在兒子被診斷出是自閉症時並未放棄，在不斷嘗試的過程中偶然接觸到ＡＢＡ，並以ＡＢＡ的概念為基礎，創造出許多獨家的療育方法，藉此大幅提升了孩子的各種能力。也許很多人會懷疑因為shizu的兒子是高功能自閉症患者才能夠有如此成果，但是，就我與shizu兒子接觸的經驗，以及我以這位孩子成長的經過來判斷，孩子現在的狀態已經大幅超出最初的預期；而且其他醫療與周邊人士也有同樣的判斷。

現在，shizu致力於支援發展遲緩兒家庭，為許多家長帶來希望與歡笑。

shizu根據自身經驗寫下此書，雖然主要在介紹如何與自閉症等發展遲緩的兒童進行互動，但其實不僅只侷限於發展遲緩兒，有很多值得參考的建議都可以運用在略有點症狀的孩子，或是完全沒有症狀的孩子身上。

我認為此書不僅能幫助家中有已被診斷為發展遲緩兒的家長之外，我相信對於孩子有發展遲緩跡象但卻尚未得到確切診斷結果，可是非常希望能夠立即為自己的孩子做些什麼的家長，以及覺得孩子行為舉止不同於他人，卻又不知如何是好的家長而言，此書也一定能有所助益。

平岩幹男

審定序

本書作者shizu女士從自身教養自閉兒和支援發展遲緩兒家庭的經驗出發寫下此書，深刻感受到shizu女士熱情幫助在教養孩子遇到困擾的父母們，能有一本可在生活中隨手翻閱參考的實用書的心意，似乎shizu女士就在您的身邊，陪伴您、鼓勵您、為您解惑。從發展遲緩兒療育的專業觀點來看，這本書將理論與技巧深入淺出地解說與示範，兼顧原則並彈性務實，此外，能精準細膩地描繪一些關鍵現象與處理方式，更特別有用且令人印象深刻。

shizu女士在第1章就點出運用ABA（Applied Behavior Analysis應用行為分析）心理學概念於促進親子關係的8個重點：建立良好親子關係、小階段目標達成法、有效使用稱讚語言、協助孩子完成無法辦到的課題、建立遵守規則的態度、藉由反覆進行幫助記憶與行為扎根、結束時必為成功結果、設定課題並進行紀錄。父母若掌握了這8個重點概念並落實執行，必能促進孩子健康的成長。第2章以處理孩子的不當行為為例，利用ABC分析出行為B的前因A和後果C，操作前因A或後果C，都可以改變孩子不當的行為B，針對發展遲緩兒則更需要父母有同理心、耐心和方法幫助他們建立信心、克服不同階段的困難，成為獨立自主的個體。第4章藉由肢體接觸遊戲培養共感心理能讓孩子對「人」產生興趣，透過眼神接觸遊戲可以讓孩子體會心靈交流的愉悅，接下來就是藉著指物遊戲培養孩子的共享注意力了。共享注意力是指與他人一起注意某目標的能力，也就是能將視線放在他人所指事物上的能力，而共享注意力是孩子模仿他人與建立良好人際關係的重要基礎。

第6章用實例解說7種方法妥善處理孩子的問題行為：提示代替行為，引導至適當行為；忽略問題行為，以稱讚改善問題行為；提示獎賞進行交涉；提出建議選項，將選擇權交給孩子；活用籌碼，讓孩子擁有自制能力；利用暫停動作或暫時剝奪自由讓彼此冷靜；事先警告，違規就處罰。其中進行暫停動作或暫時剝奪自由的方法時，目的不在於懲罰，而是要讓親子雙方冷靜。如：手足暴力，事先警告「這次若再打○○，就暫停所有活動。」，進行處置時，父母需注意自己的口氣保持冷靜，儘量避免情緒化，「因為你打了○○，所以要暫停所有活動。」並執行至孩子完全平靜下來為止。待孩子冷靜後，再摸摸孩子的頭，和孩子說：「靜下來了吧！」，促進孩子的自我肯定感。以上都是非常重要教養孩子的核心能力，孩子透過與父母的良性互動，得到心理上的滿足，自然就會減少問題行為。

shizu女士不只利用ABC分析孩子，也在「我的失敗經驗」專欄用ABC分析自己為何失敗，該如何做才對。並分享身為母親困在負面思考漩渦時如何接納自己和孩子的現況，告訴自己「孩子現在的模樣，並非全部的面貌」，改變自己的視角，儘量不看不好的，強化好的，全心投入與孩子的互動，無論成功或失敗，自己依然樂在其中。也分享即使養成客觀分析孩子行為的習慣，有時還是會不小心對孩子暴怒，但儘量在當天睡前道歉：「媽媽對你生氣了，對不起」，努力讓親子都能以笑容結束每一天。shizu女士不僅幫助自己，保持微笑，養成對小事的感謝與自我肯定的習慣，藉由改變自己的行為，周遭的人也產生了變化，夫妻協力進行療育，關心孩子的其他手足，並延伸協助孩子在外的適應，因稱讚霸凌方孩子的利他助人行為，提升霸凌方孩子的自我肯定感，而減少了霸凌問題等。

本書相當平易近人，好閱讀，它的編排很有特色，將錯誤/正確觀念或行為並呈，從基礎互動到進階類化情境，寓教於日常生活的衣食住行，令人一目了然，加上實例漫畫的互動對話，文字對話也用母子圖案呈現，簡潔有趣。另外，值得一提的是，第7章語句互動的擴展是以整句完整概念的互動來呈現，自然的語句對話，沒有生澀或僵化的弊病。同時協助父母運用系列活動的提問幫助孩子思考問題的脈絡和環境狀態，提升其解決問題的能力，這些都展現了shizu女士全然領會ABA並靈活融入生活的創意。全書中並穿插「小叮嚀、小建議、注意事項、我的失敗經驗」等專欄，親切地提醒讀者相信改變的可能性，保持良性互動的可貴。有很少數的地方，或許讀者會覺得有些疑問或看起來前後不完全一致，這與寫書有時難以盡言，且不易包含所有狀況有關，因此，正如shizu女士多次提醒，需記得尊重個別差異與文化差異，仔細觀察與分析，想出自己的方法，並試試看。

審定者曾嫦嫦與鄭逸如在都會區與偏鄉地區協助發展遲緩兒療育的經驗中，一直很期待能有一本既合乎專業又易懂實用的自助書籍，如今欣見並審定此書，有相當信心認為正在參與早療工作的父母們、兒童工作專家與所有對兒童教養有興趣的讀者都能從中獲益匪淺，並且在療育越來越重視社區與居家的潮流中，將更有助於大家在生活環境中利用各種自然的機會進行療育，幫助自己帶著孩子發揮最大的可能性。

曾嫦嫦、鄭逸如

2018年12月3日

幫助遲緩兒的魔法語言互動　目次

第1章　利用ABA的語言互動上的建議　17

第5章 斥責與指示時的語言互動 71

接觸到ＡＢＡ，幫助我提升了兒子的語言能力與社會性。

我在兒子3歲時，發現兒子有語言發展遲緩的現象。即使我對他說：「來玩吧！」也得不到任何回應。經過該領域的專業醫生診斷後，確定為自閉症。得知診斷結果，我曾經一度感到非常絕望。我不安地覺得：「該不會一輩子都無法和這個孩子有任何的對話吧？」儘管醫師建議我：「要多和孩子說話」、「要多和孩子玩」，但因為無論說什麼，兒子都毫無反應，所以我也不知如何是好，感到相當徬徨無助。

後來我終於重新振作，決定積極面對挑戰。之後，我從早到晚拼命在網路上蒐集各種相關資訊，最終找到了一個稱為ＡＢＡ（應用行為分析）的療育法。在了解ＡＢＡ的概念之後，我得到許多與孩子互動的靈感。之後我便思考難道在日常生活中沒有任何可以輕鬆、無負擔，且又能提升兒子語言能力的療育方法嗎？因此決定利用生活中的各種機會來進行以ＡＢＡ概念為基礎的互動方法（此方法又稱為利用ＡＢＡ，或者是利用型ＡＢＡ等）。

嘗試的結果，兒子的語言能力與社會性如飛躍般地快速成長。兒子約3歲時測得的ＰＡＲＳ（廣泛性發展遲緩日本自閉症協會評估量表）指數為25分，該測驗9分以上即為「有自閉症的可能性」。但在上小學前已經下降至5分！若沒有接觸到ＡＢＡ，我想我無法看到兒子如此這般驚人的成長。

我在兒子身上進行了機會利用ＡＢＡ語言互動療育法。當我將此實踐結果介紹給擁有相同煩惱的家長後，意外地迴響非常好。因此覺得：「應該將如此受到好評的語言互動療育法讓更多人知道！」本書內容除了語言互動療育法之外，也包含更進一步能讓家中充滿歡笑的「行為祕訣」。為了要讓更多家長能夠了解ＡＢＡ，本書儘可能地以最簡單易懂的方式說明ＡＢＡ的理論與技術。我期待本書能夠成為一個入門，讓更多的大眾得以認識、理解，甚至實踐ＡＢＡ療育法，同時也希望本書能幫助到所有正在為孩子苦惱的家長。

shizu

致正在煩惱的您！

本書包含了我自身的育兒經驗，以及在我以顧問的身分與孩子們接觸、互動的經驗中，所有能夠有效地讓親子一起歡笑的「行為祕訣」。本書對以下幾種課題的成效最為明顯。

孩子與自己毫無眼神接觸，主動搭話也不回應，因此不知如何是好。

⬇藉由簡單的遊戲達到與孩子們的心靈交流

……前往第1章、第4章

孩子有語言遲緩現象，不知如何主動搭話。

⬇在日常生活中的適當時機下進行語言互動

……前往第7章

整天都在斥責孩子，感到很不耐煩。

⬇客觀分析孩子的行為，再選擇適當的處理方式

……前往第2章、第6章

說了好幾次，但孩子完全聽不進去。

⬇做最簡單易懂的指示

……前往第5章

孩子希望我稱讚他，但我不知道該如何稱讚孩子。

⬇在孩子達到一般基準程度時給予稱讚

……前往第3章

第 1 章

利用ABA的語言互動上的建議

ABA的基礎知識

何謂ABA？

利用ABA可以達成的互動關係

利用ABA，可以與孩子進行哪些互動呢？藉由這些互動能得到什麼樣的效果呢？

養育孩子最重要的不就是「稱讚」、「幫孩子建立自信心」好「讓孩子擁有美麗笑容」嗎？只要看到孩子的笑容，父母就能感到幸福。

但是，發展遲緩兒或是較不容易養育的孩子通常遇到的總是太多的斥責，因此很容易失去自信，不容易產生自我肯定感。

我想運用在此種孩童療育當中的機會利用ABA互動到底是什麼呢？

設定小目標讓孩子嘗試挑戰

❶儘可能將課題細分（＝小目標），竭盡全力稱讚孩子。讓孩子累積成功體驗，提高孩子的自我肯定感

例如學跳繩時，有些孩子立刻就能學會，但有些孩子卻總是摸不清楚訣竅，甚至連甩繩也不會。面對這樣的孩子，父母最常出現的反應是生氣怒斥：「不是那樣啦！」或是很快就用「沒有運動神經」作結放棄。

在ABA療育中，父母必須先觀察孩子對什麼有障礙再將課題細分。如果是無法順利甩繩的孩子，可以先將繩子剪短，讓孩子試著以單手甩繩，當孩子成功時給予稱讚，然後再進入下一個階段，讓孩子試著將手臂貼住身體甩繩……等等將「學會跳繩」的大目標切分成數個小目標讓孩子嘗試挑戰，如此孩子得到稱讚的次數與成功體驗的次數增加，自我肯定感也就隨之提高。

累積成功體驗，提高孩子的自我肯定感

呆站於一旁的兒子終於能和大家一起跳舞了！
來！小空！和老師一起跳跳看！
很好玩喔！
小空跳得愈來愈好了耶！好厲害喔！好帥喔！

❷藉由稱讚強化孩子養成正面行為的習慣

如右頁插圖所示，孩子在用餐後幫忙將碗筷拿至流理臺，只要此時稱讚孩子：「謝謝！你幫了媽媽一個大忙」，下次孩子再幫忙做家事的機率就會提高。此便是藉由稱讚強化「把碗筷拿至流理台」行爲的例子。

相反地，若是故意挑孩子的小毛病：「不要放得那麼用力」等等，不但無法強化行爲，下次孩子幫忙做家事的機率就會降低。

雖然父母會有抓孩子錯誤的習慣，但是ABA重視的是稱讚。稱讚可以強化正面行爲，藉由反覆稱讚更能讓正面行爲成爲孩子的習慣，如此便能成爲一個正向的循環。

＊＊＊

似乎有很多自閉症兒童會出現雖然喜歡跳舞，但不知道該怎麼舞動自己的身體，所以就呆站在一旁的現象。我兒子空也一樣，在學校運動會的練習時間，一直都呆站在一旁；但是在幼稚園中班時，空漸漸學會了跳舞的動作，最後也能跳完整首曲子。能達到此目標，必須歸功指導老師耐心地站在空的身後，牽著空的手，一邊鼓勵、一邊慢慢地帶著空練習舞蹈動作。

面對面無表情、只會呆站一旁的孩子，或者是看到面露嫌惡感的孩子時，父母都會陷入罪惡感中，懷疑是不是因爲自己才害孩子陷入如此這般可憐的境地，因此很容易有「不要勉強孩子」的想法，結果互動就愈變愈少。但是，沒有互動，很可能就剝奪了孩子的可能性。

在利用ABA與孩子進行互動時，我會提醒自己必須相信孩子的可能性，用正面的態度積極地與孩子互動。

執行ABA互動時的注意重點

在執行ABA互動前不可不知的8個重點。首先必須建立下述的觀念。

重點1 建立良好的親子關係

在實踐機會利用ABA互動前，首先必須建立良好的親子關係。要讓孩子發自內心感受到「和爸爸媽媽在一起很快樂」、「可以相信爸爸媽媽」；同時父母也必須感到「和這個孩子相處很快樂」。基本上所有的互動都建立在此出發點上（→第22頁）。

重點2 小階段目標達成法！累積成功體驗次數。

儘可能將課題細分成數個小階段目標，以降低每一個目標達成的基準。在達成每個階段目標的同時累積成功體驗，如此即可讓孩子產生自信，最終達成目標課題（→第24頁）。

重點3 有效使用稱讚！

當孩子達成目標課題後，無論是多麼微小的事情，也都請不要吝嗇給予稱讚。對孩子而言，稱讚是最好的獎賞（→第26頁）。

重點 4 協助孩子完成自己無法辦到的課題（給予提示）

當孩子遇上困難時，父母必須以輕鬆的態度說出必須要說的話，同時從孩子背後輔助孩子不擅長的動作（給予提示）。給予提示的方法也有幾個訣竅（→第28頁）。

重點 5 建立遵守規則的態度

ABA中所謂的規則，即是孩子須聽從療育指導者的指示。指導者不能凡事順從孩子的意見，在必要時指導者必須堅持自己的立場與態度，讓孩子聽從自己的指示（＝建立規則）（→第30頁）。

重點 6 藉由反覆進行，幫助記憶與行為扎根

要讓記憶和行為扎根，必須反覆進行相同的練習。發展遲緩兒有時需徹底地反覆練習數十次，才能讓記憶與行為扎根。藉由有效地反覆練習，提高學習的效果！（→第32頁）。

重點 7 結束時必為成功結果

若孩子在課題結束時只有被責備的記憶，會容易失去動力，親子關係也會因此惡化。因此父母在給予課題時或是在進行語言互動時，必須思考應該如何引導，讓孩子在課題結束時能擁有快樂的記憶（→第34頁）。

重點 8 設定課題並進行記錄

決定好目標課題後需循序漸進、密集地執行相關互動行為。同時請一定要做紀錄！簡單的紀錄即可，請將課題的進行狀況、孩子每天的狀態全部記錄下來。翻查過去的紀錄，除了可以看到孩子的成長紀錄外，也能發現新的指導重點（→第36頁）。

重點❶

建立良好的親子關係

良好的親子關係在實踐ABA與所得效果上都較為理想。若親子關係不佳，ABA療育效果也有限。

能夠提高ABA療育效果的良好親子關係為何？

形成投契關係（Rapport）
的親子關係
在一起能感覺安心，
最喜歡了！
笑容能換來笑容
（鏡像法則）
疼愛

父母疼愛孩子，孩子最喜歡父母，覺得和父母在一起很安心。建立此種關係即為實踐ABA的第一步。

臨床心理學上，心理治療師與患者共同建立起互相信賴、能夠安心交流的狀態，稱之爲「投契關係（Rapport）」。

建議先建立起親子間的投契關係後，再對孩子進行機會利用ABA互動較爲理想。

具體來說，就是孩子最喜歡的人是爸爸和媽媽，覺得與爸爸媽媽在一起時能夠很安心。相對地，父母也疼愛自己的孩子。只要建立起此種關係，就能提高孩子的自我肯定感。

通常，面對發展遲緩兒和有較多問題行爲、較難養育的孩子時，父母容易被孩子的行爲影響，結果大部分都會忍不住下達指令或斥責孩子。不過，孩子對父母的此種行爲容易採取反抗的態度，或者直接無視指示，不做反應。如此一來，親子雙方即便在一起也無法發自內心感到快樂。

若有此種情形，建議先從肢體接觸遊戲開始進行。詳情請參考第4章。

只要父母表現出快樂的情緒，

笑容與肢體接觸是親子關係的潤滑劑

孩子也會感到高興，如此便能建立雙方都快樂和諧的關係（鏡像法則）。只要建立起良好關係，孩子也會漸漸變得能夠坦率接受指示，並遵照指示行動。

在我還在試著多方面嘗試進行ABA時，我也曾對總是無法達成課題目標的兒子——空感到不耐煩，甚至會覺得自己似乎不再喜歡空了。親子雙方在精神上都愈來愈緊張。

那時剛好我帶空回娘家；非常懂得如何和孩子相處的的叔叔一來馬上就和空打成一片。我在一旁看著那幅景象，我突然意識到空的臉上泛著的不正是滿面的笑容嗎！「說起來，最近好像都沒看到空笑了……。」

瞬間，我又重新體認到建立良好親子關係的重要性，以及由信賴關係中自然產生的笑容有多美好。

當時我即使和空說：「一起來玩！」也得不到任何回應，所以感到相當空虛，甚至誤以爲「這個孩子覺得和我玩很無聊！」所以馬上就放棄主動與空進行互動的機會。

但是像叔父般很會逗小孩的人，即使孩子沒有反應也不爲所動，反而自己樂在其中，甚至還「煩人地」不斷主動逗弄孩子。

因此，我發現最重要的是大人必須先樂在其中。如此一來，一開始毫無反應的孩子也會漸漸地放開胸懷、一起樂在其中。

和孩子接觸時，最重要的是笑容與肢體接觸。笑容能讓孩子卸下心防，因爲就連不關心他人的自閉症孩子，對有趣的事物也會有反應。另外，肢體接觸則能給予孩子安心感。

空在學習時只要弄錯答案就會生氣，有時甚至會打自己的頭。每次我都會按住他的手，告訴他說：「只要說：『啊！我弄錯了』就好了喔！」接著會試著安慰空：「是媽媽的親親不夠嗎？」然後隨便亂親一通，或是用模仿、搞笑的語氣再讀一次問題，如此便能讓空又噗哧地笑出聲來。隨著兩人的笑容愈來愈多，空的自殘行爲也愈來愈少，到最後就完全解決這個問題了。

因此，我深刻理解到笑容與肢體接觸是建立良好親子關係的潤滑劑。

父母的斥責激勵法會造成孩子的退縮

ABA的基礎知識

何謂ABA？

重點❷

小階段目標達成法！累積成功體驗

分切目標能幫助孩子增加自信並誘發孩子的動力。透過不斷地累積，最終便能達成大目標。

爲了達成目標，將課題切分成數個小階段爲ABA的特徵之一。配合孩子的狀況將目標課題切分成較細的階段，再將各階段目標的程度進行細分，除了較能達成目標課題之外，因爲稱讚次數的增加，孩子也會變得更有自信。

下面是我和朋友與朋友的女兒花子一起去公園玩的故事。花子爬上了平衡木，但因爲害怕，一步也不敢前進。如果您是花子的父母，您會怎麼做？

如本頁4格漫畫中一樣，通常父母因爲對孩子有所期許，所以很容易採取斥責激勵法。但是當此法無效時，父母就容易感到不耐煩，結果孩子因爲感受到父母的不耐煩而更加退縮。最後，對此結果感到失望的父母就很容易脫口說出：「眞沒用」、「你果然什麼都做不好」。

如此，孩子內心便會留下「我是個沒用的孩子」等自我否定的想法，導致孩子喪失挑戰新事物的意欲。

將目標細分，達成了就稱讚

在那之後，我試著用小階段分設目標的方式帶領花子完成了平衡木的挑戰，即左側的4格漫畫。

首先，我將手放在花子位置往前一步的地方，並問花子：「能走到這裡嗎？」「到這裡就好了呦！」原本的目標是要走到平衡木的另一端，但如此一來，目標距離變短，看起來較容易達成，花子的想法也轉變爲「可能可以辦到」。結果，花子就從原地不動的狀態試著踏出了第一步。

此時最重要的就是稱讚，即便只是一小步，也請立刻稱讚：「好厲害喔！」以強化此項行爲。但事實上，有許多人不願意在孩子達到最終目標前稱讚孩子。

完成第一步後，我將手往前再移一步，設定下一個目標，並再度問花子：「那能走到這裡嗎？」如此慢慢地拉長距離，只要孩子達成就給予稱讚。反覆下來就能達成「走到平衡木另一端」這個大目標。

不過，如果孩子在中途說出：「不要」時，請不要勉強孩子。因爲已經達成一開始「到這裡就好了呦！」的目標了。這時請尊重孩子的意願，並再次稱讚孩子：「好棒喔！你做到了！你往前一步了耶！」讓孩子擁有達成感的記憶。

重點3

有效使用稱讚語言

媽媽和爸爸的笑容與稱讚對孩子而言是最棒的獎賞。在孩子努力後，請不要吝嗇大聲稱讚孩子。

在孩子完成適切的行為時，立即給予稱讚！

當孩子學會某件事情或是完成課題時，無論多麼微不足道的事，都請立刻露出笑容稱讚孩子。如前頁所述，稱讚具有強化行爲的作用，能讓孩子重複該行爲。

即使結果不甚理想，也請稱讚孩子努力的過程，像是「○○眞努力！眞了不起！就是這樣喔！」這些稱讚都會變成激勵孩子的因素、強化行爲，最終促使孩子達成課題。

日常生活中，要在什麼時候、如何稱讚孩子？具體上有2種方法，請參考第3章的詳細說明。

ABA中，將孩子在完成某行爲後得到的獎賞稱爲「強化因子」。笑容與稱讚也是強化因子的一種。

想要讓強化因子產生效果，需要一點點小訣竅，即是儘可能在該行爲完成後立刻給予稱讚。因爲要讓孩子知道自己爲何被稱讚，所以必須在孩子完成適當行爲之後立刻給予稱讚。

另外，有些發展遲緩兒會不知道對方正在稱讚自己，所以不會有任何反應。若是此種請況，請給予零食或玩具等當作強化因子。

稱讚（強化因子）與強化

用零食獎勵時的訣竅

雖然有些批判稱ABA中利用給予零食提高學習效果的方法像在給動物飼料，但是要引起毫無反應孩子的興趣，給予零食是最簡單易懂也最有效的方法。如果是要誘發孩子的動力，就應該要善用。

其實成人中，有許多人會在下班後喝啤酒當作努力工作的強化因子。

但是在給予獎勵零食時，最重要的是必須一邊稱讚，以強化孩子的正向行為。之後再以孩子只要被稱讚就能擁有動力為目標，慢慢減少給零食的次數即可。

因為結束就有點心可以吃，所以正在努力寫作業的孩子

因為結束就能喝一杯，所以正在努力工作的爸爸

Dr.平岩的小叮嚀

與孩子擊掌，帶動孩子的情緒！

如果不擅長稱讚孩子，建議可以和孩子玩擊掌遊戲。例如，在對孩子說：「太棒了！」的同時，於孩子頭部上方與孩子擊掌。

這個行為除了有肢體上的互動之外也伴隨了聲音，經由這些刺激，能有效帶動親子的情緒。

沒有提示，只有不斷的失敗

ABA的基礎知識

何謂ABA？

重點4

協助孩子完成自己無法辦到的課題（給予提示）

就算勉強孩子做孩子辦不到的事，只會讓孩子因為不斷失敗而感到沮喪。若父母能巧妙地協助孩子，就能提高學習效果。

點心時間
請給我蘋果
不對，是蘋果！請給我蘋果
……
不對，是蘋果！
為什麼不知道哪個是蘋果呢？

父母必須從旁協助孩子較不擅長、無法自行達成的課題。ABA中稱這樣的協助爲「給予提示（Prompt）」。只要有效地給予提示，就能順利達成課題。

如第17頁中介紹，空在幼稚園中班時完全不會跳舞，但經過老師從身後牽手提示動作之後，空也能和其他的孩子一起跳舞了。

在提示動作時，基本上要從孩子的身後進行。進行提示前，也必須先示範給孩子看。

除了動作的輔助之外，指物行爲與語言的跟進也屬於給予提示的一種。

例如尚未完全理解物品名稱的孩子，可以利用點心時間和孩子進行互動。例如，當桌面上有蘋果和香蕉時，可以要求孩子：「請給我蘋果」等。此頁4格漫畫中父母沒有給予提示，孩子因此弄錯水果。但因爲媽媽生氣了，所以孩子感到壓力，變得無法思考。

相對地，左頁漫畫中媽媽在

藉由指物提示引導至正確答案

說：「請給我蘋果」的同時，用手指著蘋果。此種作法即爲指物提示。在面對發展遲緩兒時，必須經常注意要善用提示進行無誤學習（Errorless learning），以免降低孩子的學習欲望。

若孩子在提示下答出了正確答案，請記得給予稱讚。但是，提示只是輔助行爲而已，必須注意不能過度依賴。必須慢慢減少提示，讓孩子在無提示之下也能答出正確答案。

以下是我的失敗經驗。某天來我家玩的妹妹問兒子：「今天幼稚園怎麼樣？」那天是運動會的彈性假日。我判斷兒子應該無法對此做說明，所以在兒子耳邊小聲地說：「昨天是運動會，所以今天放假。」再讓兒子重複我說的話。持續了這樣的對話模式一段時間後，妹妹突然說：「姊姊，不要什麼都在空的耳邊說完再讓空和我說。」這時我才突然驚醒。

我們母子兩人都太依賴提示了，結果在無意識的情況下習慣了在耳邊說話。語言提示尤其容易阻斷孩子獨立思考的機會，所以需多加留意。

重點5

建立遵守規則的態度

您是否輸給孩子頑強的抵抗，變成順從孩子的父母了呢？父母必須掌握主導權，有時也需拿出嚴厲的態度讓孩子聽從指示。

是否變成順從孩子的父母了呢？

有時候父母在面對孩子頑強抵抗時會產生罪惡感，或者覺得要和孩子抗衡很累，結果什麼事都順著孩子的無理取鬧。

若一直都是此種對應方式，孩子會誤以為只要持續抵抗就能讓對方順從自己，到最後就會完全不聽從父母的指示。

所以有時候父母必須表現出嚴格、毅然的態度，掌握主導權讓孩子聽從自己的指示。在ABA中，將建立孩子聽從父母（療育中的指導者）指示的態度稱為「建立遵守規則（Compliance）」。

給予笑容也能建立起此種態度。媽媽說：「洗手就可以吃點心囉～」孩子說：「不要！」（哭泣拒絕）媽媽說：「不喜歡洗手喔！但是還是得洗手喔！」笑著表示理解，並慢慢誘導孩子一起完成洗手的目標便能建立起遵守規則的態度。

相對地，暴力與情緒化的怒吼雖然有可能讓孩子服從自己，但無法養育孩子的內心。玩耍時，只要不是危險行為，或是會帶給他人麻煩的行為，都可以尊重孩子的意

遵守規則的態度——蘇利文老師與海倫凱勒

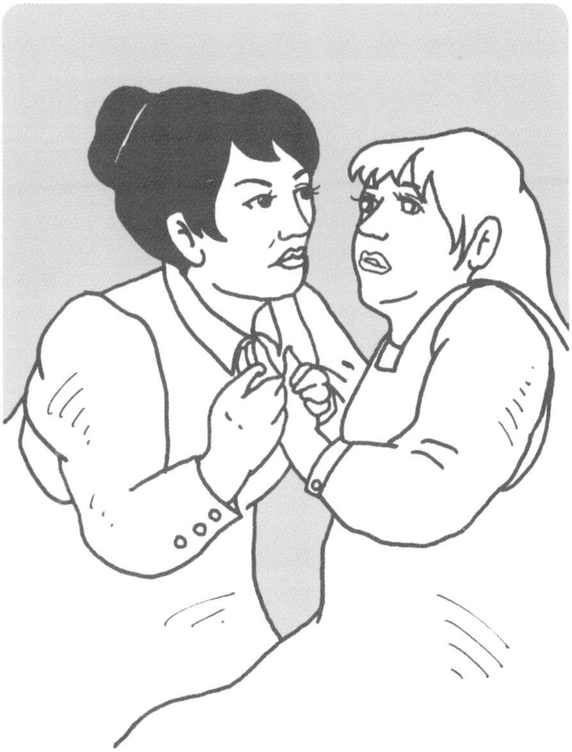

即使兩人衝突激烈，但蘇利文老師還是貫徹掌握主導權、相信海倫凱勒的可能性、耐心地持續進行療育，她的熱情帶來了奇蹟。蘇利文老師面對海倫凱勒的態度，教會了我不輕言放棄、持續保持互動的重要性。

思，讓孩子擁有自主權。

從海倫凱勒與其老師蘇利文的故事中，可以了解到在兒童療育上，遵守規則的態度有多麼重要。

海倫凱勒在1歲7個月時，因原因不明的高燒導致喪失聽覺與視覺，所以在早期成長過程中，海倫凱勒除了聽不見、看不見之外，也無法用語言與外界溝通。但是她最終克服了這層障礙，並在成人後前往世界各地，致力推廣身心障礙者教育與福祉。

安妮・蘇利文（蘇利文老師）在海倫凱勒7歲時開始擔任教育海倫凱勒的老師。可以說是蘇利文老師一手建立起海倫凱勒之後能夠克服種種障礙、站上世界舞台的基礎。

蘇利文老師最初來到海倫凱勒家中時，家裡的人都視海倫凱勒爲毒物，且避而遠之，導致海倫凱勒只會以手抓食物，也無法與外界溝通，完全只剩下動物本能而已。海倫凱勒的家人不知道如何與海倫凱勒相處，同時也因爲對患有重度障礙的海倫凱勒感到憐憫，所以沒有建立起遵守規則的態度。

面對這樣的海倫凱勒，蘇利文老師便依靠海倫凱勒僅存的觸覺，細心地慢慢教會海倫凱勒手語拼音法：同時，海倫凱勒也學會了要使用湯匙和餐巾用餐。

最初，海倫凱勒並不想接納蘇利文老師。見到此情況，海倫凱勒的父親大力批評蘇利文老師的教育方針，但是蘇利文老師並不因此改變態度。貫徹由自己掌握主導權，並紮實建立起海倫凱勒遵守規則的態度。

若此時蘇利文老師屈服於海倫凱勒，或許海倫凱勒就會在無法理解任何語言，只會以雙手抓取食物的狀態下度過一生。

重點6

藉由反覆進行，幫助記憶與行為扎根

為了幫助記憶與行為扎根，反覆練習極為重要。建議想些有趣的點子，幫孩子能在愉快的心情下自然地反覆學習。

反覆練習需要很大的耐心

在記憶語言時，典型發展的孩子（發展過程中大致上都有達到標準）可以很自然地記憶語言，但是在發展遲緩兒中，多數的自閉症兒童經常必需反覆練習數十遍才會記住。

因此，要讓孩子的記憶與行爲扎根，必須反覆練習。

爲了要讓記憶扎根，學習到複習（再記憶）的時間愈短愈有效。根據德國心理學家艾濱浩斯的遺忘曲線來看，100％的記憶在學習後1小時掉至44％，24小時後下降至26％。而有障礙的孩子則會變得更低。

有趣的點子讓孩子愉快、無負擔地反覆學習！

也就是想要讓記憶扎根，必須儘量縮短間隔時間反覆練習。

例如早上起床後立刻用「あ」字卡教孩子五十音的「あ」字，在中午和晚上以及任何短暫的機會都要不斷地讓孩子看「あ」字，以幫助孩子記憶扎根。

像是可以在每個房間都貼上「あ」字卡，和孩子一起玩找尋「あ」字卡的遊戲等。如此孩子就能在遊戲中記住「あ」字。將「あ」字卡貼在每天開關好幾次的冰箱門上，或者廁所牆上也有很好的效果。當孩子頻繁地看到「あ」字，就能毫無負擔地自然記住「あ」字。

父母必須把自己當成教練，想盡辦法避免孩子對反覆練習感到厭煩。

除了語言記憶需反覆練習之外，要讓孩子習慣某行爲時也需要反覆練習。不能因爲成功一次就感到滿足，必須在短期間內不斷重複，以便讓孩子確實牢記該行爲或動作。

Dr.平岩的小叮嚀

即使看不到結果，也不要輕言放棄

典型發展的孩子在學習事物時會循序漸進地成長，所以能很清楚地看到孩子的進步過程。但是自閉症的孩子有時會突然做出原本怎麼學都學不會的動作，或是突然記住過去怎麼記都記不住的語言。

重點7

結束時必為成功結果

在一天結束時，若孩子心中只殘留被斥責的痛苦記憶，孩子很容易失去學習欲望。所以請儘可能讓孩子在一天學習結束時，擁有得到稱讚的快樂記憶。

最後要稱讚孩子，讓孩子有快樂的記憶

今天很努力喔！了不起，了不起！
明天也要照這樣繼續努力喔！

請試著回想看看，您是否曾經一邊斥責孩子為何辦不到，一邊又不斷要求孩子重作，結果親子雙方感到相當疲倦，最終就以「啊啊，今天不行了。不做了不做了」的態度結束當天的療育。

這樣的結果對孩子而言是件非常悲傷的事。若在一天學習結束時，孩子只剩下被斥責的痛苦記憶，而且隔天還要再繼續相同的事情，孩子一定會因為害怕再被罵而退縮、失去動力，最糟甚至有破壞親子間信賴關係的可能性。

而且，就算在斥責前有許多的稱讚，但因為最後被罵的負面記憶較容易殘留在孩子的心中，所以，孩子往往不記得之前被稱讚的記憶。

因此父母必須經常提醒自己要在最後稱讚孩子，讓孩子保有快樂的記憶。

✕ 當一天結束時，您的語氣如何呢？

左邊4格漫畫的例子中，要如何以稱讚來結束互動呢？當父母判斷今天不可能堆到3個積木時，請對孩子說：「那麼，我們再試一次堆2個積木吧！」請讓孩子再做一次已經能夠達成的程度。若孩子成功地完成要求，請大力稱讚孩子：「嗯，很棒喔！堆得愈來愈漂亮囉！」請以稱讚來結束互動。

若孩子一直失敗，通常都是教授方的問題。有可能是因爲沒有切分成小階段（第24頁），或是提示（第28頁）不足，所以導致孩子一直失敗……。因此在責備孩子前，必須先冷靜地審視自己的教授方法是否有問題。

尤其父母對孩子「我希望你這麼做」的心理因素較強，因此當孩子沒有按照自己的想法動作時，便容易過度責備。例如會斥責孩子：「爲什麼連這個都不會呢？」

您是否曾經有過這樣的經驗：面對相同的一件事對其他孩子能夠寬待包容，但對自己的孩子就會產生如火山爆發般的憤怒感？在這種情況下，父母臉上失去了笑容、也忘記了稱讚。

試著站在孩子的立場上思考看看，您的感受如何？因爲自己辦不到、做不好，所以在責備中度過了一整天……。一定會自我否定吧！

正因爲如此，所以必須讓孩子在最後結束時得到成功體驗，留下快樂的記憶。這份正面的情緒能讓孩子產生挑戰新事物的動力。

重點❽

設定課題並進行記錄

為了方便目標設定與事後回顧，需設定短期集中的練習課題，並記錄每日的療育過程。

成人只要在早上列出當天的To do list再開始行動，就能迅速處理事務。相同的道理，在進行機會利用ABA互動時，也必須隨時提醒自己要依照決定的目標課題與孩子互動，而不是依照自己當天的心情或突發奇想進行。

首先，試著將1週至1個月間希望進行集中練習的課題列成清單。可以參考左側插圖中的範例寫下課題，貼於冰箱門上或廁所牆上等能一眼看見的地方。若有使用記事本的習慣，也可以寫在記事本上。

當練習課題與目標明確後，父母就較有動力，精神上也會較穩定；如此便能更從容地與孩子接觸、互動。

列出課題後，請儘可能進行集中練習，避免中間休息或暫停。

例如，在雨天發現孩子無法將傘摺好，所以設定了「摺傘練習」課題。在這種情形下，不需等到下一次雨天才練習，需在當天及隔天就進行複習。短期間的集中練習相當重要，透過短期間的反覆練習，可以幫助記憶與行為扎根。

短期集中地練習課題，讓行動確實扎根

課題表例

當月課題
●眼神接觸練習
●指物練習
●一邊唱歌一邊配合手部動作
●每天讀2本繪本
●幫忙擺碗筷
●一天稱讚30次
今月の課題

每天的紀錄會成為療育的鼓勵與靈感

任何時候，都請記錄下孩子達成課題的進度與當天的狀況等細節。

在療育過程中，或許很難感受到孩子每天的變化，但只要與1年前做比較，相信一定能發現孩子的成長。孩子的成長即是療育的鼓勵與動力。另外，在遇到瓶頸時，藉由回顧過去的記錄有時就能發現適當的處理方式，或者是對孩子進行指導的重點。

不擅長作文的人也可以改成插畫或照片日記，或者也可以用電腦整理規劃。選擇自己擅長的方法，正面積極持續進行才是首要。

「1年前還不會呢。和那時比現在真的很了不起……」記錄孩子的樣子，之後在回顧時就能感受到孩子的進步。用自己擅長的方法，持續進行記錄。

Dr.平岩的小叮嚀

請不要和別的孩子比較。
請比較孩子的過去與現在，並對他的成長給予稱讚。

父母最容易拿別人的孩子與自己的孩子做比較，像是「○○已經可以做到這樣了，但我家的孩子完全不行」，或是「幼稚園的同班孩子裡面，只有我家的孩子不會，我該怎麼辦？」因為不斷的比較，父母更容易感到強烈的不安。

單純的橫向比較只會讓父母煩惱愈加嚴重，愈不想面對孩子。

這裡建議父母做縱向比較。即以過去與現在來做比較。將孩子現在的表現與1個月前、1年前相比，就能感受到孩子的能力明顯提升，身為孩子成長的支柱的父母也就自然會產生自信。

所以請務必經常提醒自己避免橫向比較，而讓自己忽喜忽憂。當然，每天的記錄也對此相當有幫助。

專欄

相信可能性，持續保持互動

當我們因為受傷或是生病導致身體無法自由行動時，只要聽到醫生建議：「只要做復健就能動」，無論復健過程多辛苦，應該大部分的人也都會堅持不懈、持續努力復健吧！

我想，在面對發展遲緩兒應該也是同樣的道理。若說經由ＡＢＡ可以改善因為發展遲緩導致的各種生活層面的障礙，那麼應該就有接納孩子的現狀、相信孩子可能性，並持續不斷挑戰的價值。

就如第31頁中介紹的蘇利文老師將海倫凱勒的不可能化為可能一樣，要相信孩子的可能性，並持續與孩子保持良好的互動。若擅自認為「這個孩子已經沒辦法了」直接放棄與孩子互動，就很可能限制住孩子的可能性。

在某部電視劇中有句台詞讓我非常感觸良多。

「認為自己不行便直接放棄的人絕對無法喚醒奇蹟。因為覺得自己不行而放棄，就等同於不去實踐。但是，相信奇蹟去努力、去實踐的人，『奇蹟』自然就會到來。」

有些孩子在經過ＡＢＡ療育後能有大幅的成長，但在有些孩子身上無法看到明顯的成長。ＡＢＡ能讓孩子成長多少，必須先嘗試過才知道。

不過，能確定的是只要相信「在某一天一定能達成」，並堅持不懈地持續與孩子互動，最初如星點般微小的成效，也終將能連接成線；在未來的某一天一定能看到孩子驚人的成長。

第2章

利用ABC分析 減少對孩子的不耐煩

實踐重點

運用ABC分析

何謂ABC分析？

ABA中，用來導出處理問題最佳對策的方法，即為ABC分析。ABC分析能運用在什麼樣的情況下呢？

並客觀地分析處理

當父母覺得孩子不容易教養時，只要看到孩子做出不適當的行爲就容易加以責備，因此責備次數也就相對較多。甚至有時候一回神，會突然發現自己整天都在生氣。

另一方面，經常受到責備的孩子自我肯定感較低。但是，過低的自我肯定感正是引起易怒、反抗等問題行爲的主要原因。在此情況下，父母也容易失去自信，最終親子雙方都會陷入惡性循環。

若想要切斷此惡性循環，在ABA療育中會先建議客觀看待孩子行爲，並冷靜思考適當的處理方式。此過程中運用的心理學方法爲ABC分析法。

ABC分析是透過將某行爲分成前因（Antecedent）→行爲（Behavior）→後果（Consequence）3階段的觀察，追溯引發該行爲發生的情況，並思考如何引導、修正孩子的行爲。客觀的分析能減少父母對孩子行爲的不耐煩與斥責，父母的壓力也相對較輕。

例如，我在超商零食區看過孩子耍賴、哭鬧著要買零食，父母爲了要讓孩子停止哭鬧，於是就買零食給孩子。上方的插畫即爲該行爲的ABC分析法分解圖。

A
前因
我要買零食！
不行！今天不買零食。家裡還有很多！

孩子繼續耍賴：「我要買零食。」父母拒絕：「今天不買零食。」

將孩子的行為分成3階段，

因為父母不答應，所以在地上打滾哭鬧。

父母最終屈服買零食給孩子，孩子停止哭鬧。

首先爲前因（A）：孩子吵著：「我要買零食！」要賴要求父母買零食，父母堅持不買。接著爲孩子採取的行爲（B）：在地上打滾哭鬧。後果（C）：父母買了零食，所以停止哭泣。

在此例中，孩子藉由在地上打滾哭鬧成功地達到自己的目的——讓父母買零食。因此，這會讓孩子學到：「只要哭就能得到自己想要的東西」。換句話說，父母妥協買了零食，就等同於強化了B的不適當行爲。而且，在這個例子中也能看見孩子取得了主導權。

那麼，父母該如何從孩子身上取回主導權，並改善在地上打滾哭鬧的行爲呢？下一頁我們就以ABC分析法來思考具體的對應方式。

實踐重點

運用ABC分析

利用ABC分析處理孩子的不當行為①

首先，父母要先從不屈服於孩子開始做起。在上述的情況下，最重要的是父母必須貫徹自己的立場與態度，不能擅自破壞教育方針。

貫徹不會對孩子言聽計從的態度

若想要修正孩子在超市零食區打滾哭鬧的行爲，最容易想到的對策即是堅持不買的態度。以ABC分析法進行分析後，即爲左側的插畫。

當父母堅持不買零食，孩子就能學到即便哭鬧，父母也不會買零食的結論。因此，在此例子中最重要的就是「父母必須堅持自己的教育方針」。

在第40～41頁的例子中，因爲孩子已經知道只要哭鬧就能讓父母幫自己買零食。所以，當父母堅持不買時，就會認爲「很奇怪、是不是自己哭得還不夠？」因此幾乎所有的孩子都會變本加厲地哭。

但是當孩子哭鬧得更劇烈時，父母通常會感到丟臉、不好意思；因此很多父母就會投降，選擇買零食。不過，在此刻改變自己的教育方針，就代表之前的努力都付之東流了。

父母在中途改變自己的教育方針，會讓孩子認爲即便一開始父母反對，但只要更用力地哭鬧，就能讓父母順從自己的意思。所以下次乾脆從一開始就大哭大鬧。從此可以看到，父母改變教育方針，選擇買零食給孩子，反而強化了孩子在地上打滾哭鬧的行爲。

若當父母貫徹自己的教育方

A
前因
我要買零食！
不行！今天不買零食。家裡還有很多！

孩子耍賴：「我要買零食。」父母拒絕：「今天不買零食。」

改變C（後果）的行為

因為父母不答應，所以在地上打滾哭鬧。

雖然孩子因為買不到零食所以哭得更加激烈，但父母沒有改變教育方針。

針與態度，且孩子也主動放棄哭泣時，請微笑稱讚孩子：「你好棒！沒有一直吵著要買零食。」此時父母的笑容與稱讚能強化停止哭泣與忍耐的行爲。隨著此經驗的累積，孩子就會漸漸減少耍賴哭鬧的行爲，最終便能改掉此習慣。

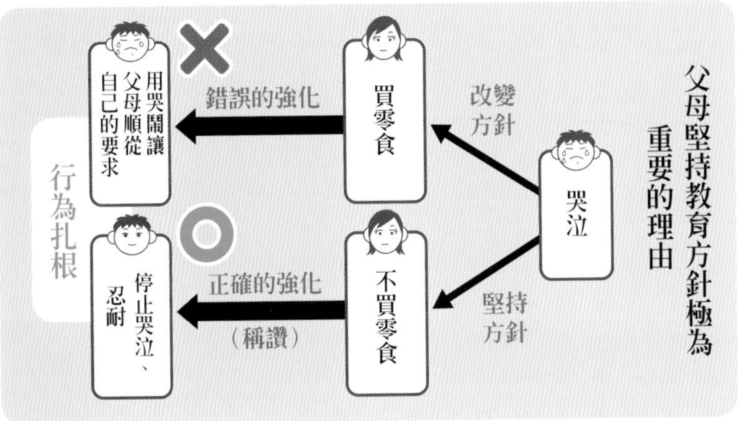

實踐重點

運用ABC分析

利用ABC分析處理孩子的不當行為②

改變該行為出現前的環境，也是處理孩子不當行為的一個方法。其中「事先預告」的運用範圍最廣。

第42～43頁介紹的是藉由修正C（後果）來處理孩子的不當行爲。這邊則是要介紹如何藉由修正行爲發生前的A（前因）來改善孩子的行爲。此種方法的運用範圍最廣。

徹底執行事先預告

A
前因
大減價
今天不買零食。
哭了就出來喔。
懂了嗎？
嗯！

進入超市前，父母先預告「今天不買零食」

具體方法如左圖，進入超市前先預告孩子：「今天不買零食。如果哭了就出來。」此處最重要的是，必須在預告完後詢問孩子：「懂了嗎？」加以確認。

左頁B－1是預告成功的例子。

孩子在零食區沒有哭鬧。此時父母需像C－1笑著稱讚：「你好棒！沒有吵著要買零食耶～眞了不起！」這些稱讚即會成爲強化因子強化不哭鬧、忍住不吵要買零食的行爲。

但是，事先預告不一定都能起作用。尤其若是孩子已經知道「哭鬧就能讓父母順從自己的意思」，此時孩子有極大的可能會無視事先預告。

B－2中孩子無視預告，依舊在零食區打滾哭鬧，此時父母又該如何處理呢？

此時就如C－2所示，父母應該要履行預告內容，告知孩子：「剛剛說過，哭了就出去」後再將孩子帶到店外。等孩子冷靜下來、停止哭泣後再給予稱讚：「你好棒！忍住了喔，了不起！」

改變A（前因）的行為

●事先預告成功

稱讚孩子沒有哭鬧

●事先預告失敗

按照事先預告的處理方式將孩子帶至店外

同樣地，孩子經過幾次經驗的累積，就能明白「無法用哭鬧的方式讓父母買零食」，如此便會慢慢減少哭泣。

不過，有時想將正在哭鬧的孩子帶出店外，孩子也會不滿的頑強抵抗。此時父母就會覺得很不好意思，結果最終還是無法貫徹自己的教育方針。其實遇到此種情形時，可以一邊購物一邊用糖果分散孩子的注意力。

記得，若孩子看出「爸媽只是說說，並不會眞的實行」，就無法改善孩子的不當行爲。因此，請務必貫徹自己的教育方針與態度。

事先預告的方法可以運用在許多場景上，例如：「在餐廳吵鬧的話就出去喔」、「如果打朋友就回去喔」等等，非常歡迎大家一起來試試看。

我的失敗經驗1

是不是忘記了「謝謝」？

曾經有段時間，我經常將兩個兒子寄放在娘家。我的母親非常疼愛孫子，尤其是對弟弟——陸更是百依百順。因此造就了孩子在拿到零食或玩具時，不會說「謝謝」的習慣。

某天，我和陸在一起，鄰居的阿姨給了陸零食。陸和平常一樣什麼話都不說，理所當然地就把零食放進自己的口袋。

我看到陸的態度感到非常焦慮，覺得不能讓陸養成這種習慣。

後來，我利用各種機會教育，教導兩個兒子「謝謝」的重要性。即使是很微不足道的東西，也一定要求兒子道謝。同時也和母親說明原委，請母親在給東西之前一定要讓孩子說「謝謝」，不然就不給。

但是，最讓我有感觸的是，我發現我們夫妻兩人也都忘記了「謝謝」。因爲想讓先生也注意到這一點，於是便試著用下面的行動觀察先生的反應。

先生：「再來一碗。」

我：「好了！」（遞出飯碗）

先生：「…………」（看著電視沒有回答）

我：「…………」（因爲沒有謝謝，所以沒有將飯碗交給先生）

先生（看著我的臉）：「謝……謝？」

我（一邊將飯碗遞給先生）：「不客氣。」

之後，兩人討論決定要率先執行「謝謝」、「早安」、「我出門了」等日常生活中的招呼用語。

孩子也是父母的鏡子，父母做榜樣給孩子看是件相當重要的事。

第 3 章

成為甜嘴人

您是否一開口就是命令與嘮叨呢？

實踐重點

成為甜嘴人

您是否錯過了難得的稱讚機會呢？

雖然了解稱讚的重要性，但實踐起來真的很難。此處建議「要在孩子達到一般基準時，就多誇獎孩子」。

此書中不斷強調在實行機會利用ABA互動時，稱讚是件極爲重要的事。

不過也有家長反應：「不知道該怎麼稱讚孩子？要稱讚什麼才好？」

有很多家長都會暗自設定好，要在孩子學會某事時，要在比較特別的時刻用力地稱讚孩子，但實際上此種機會不多。

爲了增加稱讚的機會，請在孩子在從事某件事且達到一般基準的程度時＝做得很普通時，頻繁地給予稱讚。這就是能避免錯過稱讚機會的祕訣。

例如，用餐時孩子坐姿不佳，不善於稱讚的父母很可能會有以下的對話：「腰打直、不要駝背！」孩子聽到這個指令後把背伸直。其

錯過了稱讚的機會，就只剩下嘮叨

實在此時刻應該多給予稱讚，但家長很容易會認爲「這是理所當然」、「反正等一下又會歪掉」，所以便不給予稱讚。

通常過幾分鐘之後再看向孩子，孩子都會不出所料的又坐歪或是又駝背了。此時父母又會再次訓話：「坐直！」孩子聽到後也會再次坐直，但父母也還是吝於稱讚。接著，又過了幾分鐘，父母又看到孩子又沒坐直，父母斥責的口氣也愈來愈激動：「給我坐直！要我說幾遍才懂？」不斷地惡性循環下來，孩子會因爲恐懼而愈來愈退縮，有時甚至會導致孩子產生反抗心理。

上例中的父母，是最常見的負面典型範例，一開口便嘮叨、總是錯過稱讚機會。您是否對上述情形感覺到很熟悉呢？

下一頁中，我想與大家一起思考，若想在孩子「達到一般基準」時給予稱讚，父母應該要如何稱讚呢？

小建議

責備1次，努力稱讚3次！

雖然稱讚很重要，但孩子耍賴、完全不聽話時，也需要嚴厲的斥責。這裡要注意的是，當孩子在受到責備後修正了自己的行為，也請不要忘記給予孩子大大的讚賞。若目前家中責備與稱讚比例為10：0，可以試著慢慢增加稱讚次數。一般最理想的比例為：責備1次，稱讚3次。

實踐重點

成為甜嘴人

絕不漏掉稱讚良機的語言互動

當孩子按照父母的指示修正行為時，記得馬上稱讚孩子。若孩子持續該行為也記得再度稱讚孩子。利用此方法便能針對同一行為進行多次的稱讚。

設法對同一行為進行2次以上的稱讚

在第48～49頁的案例中，該如何和孩子互動才不會錯過稱讚的機會呢？

首先，在叮嚀孩子「不要駝背」且孩子按照指示把腰挺直後，請立刻稱讚孩子：「沒錯，就是這樣喔！」

孩子得到讚美，該行爲便自然得到強化，因此應該會持續維持該行爲。此時請隨時注意孩子的行爲，若在約30秒後孩子還持續著該行爲，請再次給予稱讚：「坐姿好漂亮喔！很認眞努力喔～」

對孩子而言，維持標準姿勢必須花費很大的力氣和專注力，所以就慰勞這份努力的意味上，也應該要給予讚美。若過了一陣子，孩子

不要駝背
沒錯，就是這樣喔！
30秒後……
坐姿好漂亮喔！很認真努力喔～
媽媽又稱讚我了耶。好，再加油！
數分鐘後……
不愧是○○姿勢好漂亮好帥！

Dr.平岩的小叮嚀

能加強語言稱讚的各種動作

摸頭、微笑點頭、擊掌、擁抱等動作也能傳達稱讚的意思。若一邊用語言稱讚、一邊加入上述的動作效果會更好，而且也有助於加深親子間的肢體接觸與溝通。

小建議

可運用在各種情景的讚美語集（以目的性分別）

●稱讚孩子學會的目標

……強化孩子學會的目標，主要目的是要讓孩子習慣該行為

「（～會這個）好帥喔！」、「天才！」、「（一邊拍手）好厲害！」、「剛剛的超讚！」、「（一邊搔癢一邊稱讚）做得好好喔～」、「不愧是已經〇歲了呢！」、「小學〇年級果然不一樣！」

●稱讚努力的過程

……就算孩子學不會，也要透過稱讚提升孩子繼續挑戰的動力

「很努力耶」、「這樣就可以了喔」、「就是這樣子」、「沒問題，一定可以」、「再一下下就能成功囉」、「這個很難的說，你超努力的」、「比剛剛更進步了耶」、「就算現在失敗，之後一定可以成功」、「做得漂亮！」

●認同孩子的存在

……主要目的為提升孩子的自我肯定感

「最喜歡〇〇了！」、「好有趣」、「笑容好可愛」、「吃得好好吃的樣子」、「媽媽得救了」、「媽媽很高興，謝謝」、「謝謝〇〇來當媽媽的孩子」、「和〇〇在一起時很快樂喔！」

還持續維持該姿勢，就請再稱讚一次：「不愧是〇〇，姿勢好漂亮，好帥！」

如何？利用此方法即能在孩子遵照指示修正自己的行爲時，以及持續維持該行爲時（一般基準狀態）給予稱讚，如此便能針對同一行爲進行2次以上的稱讚。

若孩子的姿勢在用餐中又歪掉，其實可以拋問題給孩子思考。例如：「吃飯時有沒有坐相呢？」「吃飯時的姿勢是什麼？」若孩子因此改善姿勢，請再次給予讚美。

需注意會讓稱讚效果適得其反的語言互動

有時候原本想稱讚孩子，但孩子似乎沒有接收到；又或者有時候因為多說了一句，結果反而適得其反……。

是否在最後多加了一句不必要的話呢？

收好囉。想做就做得到嘛。
下次不要等我說，自己先收好呀。
えほん

在孩子學會某件事時，給予「好厲害」、「了不起」等稱讚很好，但有時候會因爲無意多加的一句話，導致稱讚效果功虧一簣。

最常出現的例子爲：「想做就做得到嘛。」雖然父母本意是將這句話當作稱讚，但這句話的背後其實隱藏著「你之前根本就只是不願意做而已嘛」的意思，也能解讀成父母本身並不覺得孩子的努力過程值得讚許。

另外一個要注意的是，請避免在稱讚孩子：「收拾好了，好了不起」之後多加一句「下次不要等我說，自己先收好呀。」，或者「如果每次都這樣就好了。」等讓人聽起來不舒服的話。在稱讚後加上負面用語，會完全將稱讚的正面效果打消，讓孩子喪失「我下次也要收拾乾淨」的動機。

請停止稱讚後的比較

雖然稱讚吃掉青椒的孩子是件好事，但……
啊，你把青椒吃掉了？
好棒，了不起！
但是佐藤連紅蘿蔔也敢吃喔，
很厲害吧！
好不容易把青椒吃掉的說……
……

在孩子好不容易把討厭的青椒吃完時稱讚孩子：「了不起！」是正確的。但若在稱讚之後又立刻與他人比較：「但〇〇連紅蘿蔔也敢吃喔！下次如果也把紅蘿蔔吃掉就更好了。」就會讓稱讚功虧一簣。

父母都很容易將孩子與他人進行比較。但這種比較表示您覺得自己的孩子目前還不夠好。其實對孩子而言，沒有得到父母認同的打擊比稱讚的印象更深刻，甚至會因此失去自信和動力。

所以必須避免在稱讚孩子後又立刻拿孩子與他人比較，或是立即訂定下一個課題。另外，前一頁中提及的嫌棄用語也需避免。或許父母是抱著「很高興我家小孩很努力，所以用這些話語來激勵孩子繼續努力」的心態對孩子說了這些話，但其實聽在孩子耳裡會有負面效果。

注意重點

NG對話，讓難得的稱讚功虧一簣

●與他人比較

「〇〇，也會XX喔！」

●立刻給予下一個課題

「下次的目標是一定要學會XX喔！」

●在稱讚之後又嫌棄

「收得好乾淨！如果每次都這樣就好了。」「很認真努力耶。但這種程度沒什麼大不了」

專欄

目標1天30次以上！增加稱讚次數的祕訣

這邊想建議剛開始實行機會利用ABA互動，還尚未習慣稱讚孩子的人訂定「讚美初期計畫」。

首先，請設定日常生活中給予孩子的指示。給出指示後，若孩子達不到目標請「給予提示」，引導孩子達成目標，並大量給予稱讚。給予指示的次數，大約可以設定在一天30～50次左右。

如果是反應較弱的孩子，可以利用一起搭乘電梯時對孩子做出「按○」的指示，並牽著孩子的手按下該按鈕，同時稱讚「哇！按對了！好棒喔！」

或者在家中，準備要進入另一個房間時，可以對孩子做出「幫我開門」的指示。同樣地，請引導孩子一起開門，當門打開的瞬間，請笑著表示「門開了～」，父母對孩子的行爲表現出高興的模樣，並進一步轉化成語言，也是稱讚的一種。

出門散步時，父母可以給予孩子「我們走到○○」的指示，並在過程中反覆給予稱讚。例如在走了幾步之後就稱讚孩子「走得好棒喔！」等再走一陣子之後，又可以稱讚「沒錯，就是這樣喔！」等又過了幾分鐘後，則可以稱讚「走得眞好、眞帥！」稱讚時請把孩子捧到像明星一樣。雖然可能會被笑是傻父母，但也無需在意，請盡情用力笑著稱讚孩子。

在不斷執行「讚美初期計畫」的過程中，孩子會慢慢理解父母其實是在稱讚自己，因此慢慢地就會做出反應。較無臉部表情的孩子，在計畫執行之後也會漸漸表現出自己對媽媽和爸爸的愛，表情也會變得更豐富。

初期計畫請先持續1個月，以便親子雙方都能確切地感受到稱讚的效果。

第 4 章

透過遊戲建立良好的親子關係

Let's try!

利用遊戲建立親子關係

一起遊戲能建立良好的親子關係

在此章節中將會介紹幾個能夠建立良好親子關係的遊戲，透過這些遊戲不僅可讓親子在歡樂的氣氛下建立起信賴關係，同時也能提高孩子的能力。非常推薦用來當作療育過程中的潤滑劑。

孩子在3歲以前知道「自己是被愛的、是重要的人」，所獲得的絕對安心感對其腦部發展相當重要。因此父母必須用語言和行動來表達對孩子的愛，不過有時候即使父母心中明白此道理，但在碰到怎麼搭話都沒有反應的孩子，或者是有問題行爲的孩子時，會不知不覺產生「想遠離這個孩子」的想法，使得父母無法無條件地愛孩子。我本身也是。

碰到此情形時，建議採用能夠與孩子有肢體接觸的遊戲。主要的目的是藉由肢體接觸與共享快樂的體驗，培養孩子對「人」的興趣與「分享快樂」的同理心。只要持續不懈，孩子的反應就會漸入佳境，父母也能重拾笑容。

另外也建議同時進行有眼神接觸的遊戲。發展遲緩兒童不擅長與他人進行眼神接觸，但在父母的幫助下會慢慢學會與他人進行眼神接觸。

等孩子已經能夠放鬆、享受肢體接觸與眼神接觸遊戲後，此時就可以開始進行培養共享注意力的指物遊戲。

共享注意力即是與他人一起注視某目標的能力，即爲能將視線放

各種能有效促進親子心靈交流、提升孩子能力的遊戲

肢體接觸遊戲

藉由肢體接觸培養孩子對人的興趣與同理心。尤其推薦給覺得自己再也無法愛孩子的父母。透過共享親子間肢體接觸的時間增加彼此的笑容，並加深親子間的溝通。

唱歌與手部遊戲

藉由持續跟著音樂做手部動作，以提升孩子的模仿能力。同時也具有促進語言發展的效果。

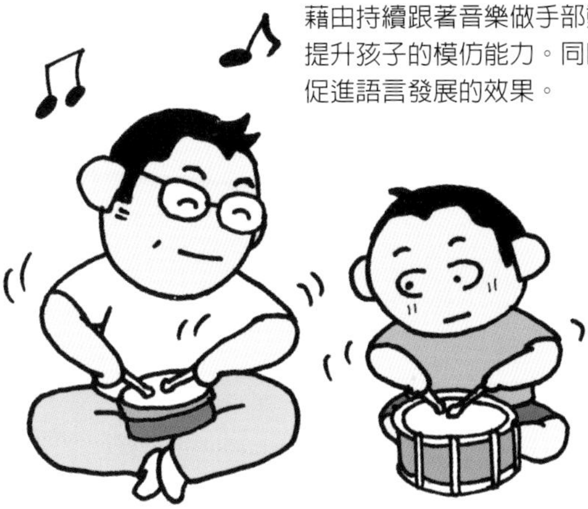

眼神接觸遊戲

可以讓不擅長與他人進行眼神接觸的孩子，自然與他人進行眼神接觸。

指物遊戲

提升將注意力放在他人所指目標上的能力＝共享注意力。共享注意力是模仿能力與建立良好人際關係的重大前提。

在他人所指事物上的能力。其實發展遲緩兒的共享注意力相當弱。例如散步途中，媽媽發出「啊」的聲音並用手指著某物時，典型發展兒童能自然地看向母親所指的方向，但很多的發展遲緩兒都不會有任何反應。

學習的基本能力在於模仿。若想要模仿某事物，首先必須先將自己的注意力放在目標事物上。所以，共享注意力差便代表在起跑的第一步就已經面臨障礙了。另外，培養共享注意力對建立人際關係是相當重要的前提。所以，請父母務必要透過指物遊戲提高孩子的共享注意力。

唱歌與手部遊戲也能提升模仿能力，且能有效促進孩童語言能力的發展。

透過上述的遊戲，讓親子在玩耍過程中輕鬆加深彼此的溝通能力，自然就會產生良好的關係。即使孩子超過3歲，也絕對不會太晚！

Let's try!

利用遊戲建立親子關係

藉由肢體接觸遊戲培養共感心理①

透過親子間的肢體接觸培養同理心。除了能加深親子間的溝通之外，也能讓孩子對「人」的興趣萌芽。

1 擁抱孩子

請儘可能地找出每天所有能夠擁抱孩子的機會，例如早晨孩子起床時或睡前等，同時告訴孩子：「我最愛○○了！」擁抱的肢體接觸也能幫助無法打從心底愛孩子的家長們打開心結。總之，先試著執行看看！

2 牽手飛撲棉被

首先準備柔軟的棉被堆。接著和孩子面對面，大人採取跪姿並看著孩子的眼睛，發出準備口令：「1、2、3～」後與孩子一起倒向棉被堆中。很多家長反應此遊戲讓原本沒有任何眼神接觸的孩子「第一次認真地看著自己」。同時趁倒在棉被堆中時搔孩子的癢也很有趣。

兒子空出現明顯自閉症症狀大約是2～3歲，那時空對同齡孩子完全不感興趣，只會一個人轉著玩具車的車輪眺望著遠處。若是放任不管，絕對不可能發展出其他的興趣。因爲我希望無論如何他都能對「人」有興趣，所以當時我就試著採用了肢體接觸遊戲。

雖然兒子一開始會排斥，但漸漸就樂在其中，最後也自己提出了想玩的要求。

尤其是對感覺過敏的孩子，在一開始會有拒絕接觸的情形。這時請冷靜觀察孩子，並慢慢拉長接觸時間。即便在剛開始孩子會覺得排斥，但在反覆練習下通常都會慢慢感到有趣。

3 緊張感滿分的飛機遊戲

與②號遊戲一樣，先準備柔軟的棉被堆。父母仰躺彎曲膝蓋將孩子置於膝蓋上，並以雙手支撐。接著抬起腳，一邊說「飛機～」，「咻 要降落了 」然後將孩子放到棉被堆上。這項遊戲也能有效引誘孩子說出：「還要」、「我要飛機」等要求語言。

4 來（媽媽／爸爸）這！過來後給予擁抱

父母在稍微有點距離的地方呼喚孩子，張開雙手做準備擁抱狀等待。當孩子來到時給予擁抱，也可以順勢抱起孩子轉圈。若是尚未擁有媽媽、爸爸概念的孩子，可以由其中一人在孩子的後面給予暗示，例如問孩子：「媽媽(爸爸)在哪裡？」並輕輕將孩子推向媽媽(爸爸)。

5 騎馬遊戲

父母模仿馬兒，讓孩子坐在自己的背上。一邊唱歌一邊移動，唱歌結束後模仿馬兒的叫聲並慢慢坐起。可以事先在旁邊做棉被堆，起身時讓孩子倒落於棉被堆上，孩子會很高興。

藉由肢體接觸遊戲 培養共感心理②

親子間可以輕鬆做到的各種肢體接觸遊戲。觀察孩子的反應，先從孩子喜歡的遊戲開始著手。

6 蹺蹺板

親子面對面坐下（父母用腳夾住孩子），配合遊戲的聲音慢慢地與孩子一起做上半身蹺蹺板遊戲(記得要笑著注視孩子的眼睛)。最後親吻孩子的肚子發出啵啵聲，孩子會很興奮！

7 親吻狂遊戲

追逐遊戲的一種。父母扮演親吻狂，一邊說發出「啵啵……」的聲音、一邊追著孩子跑，抓到孩子時就親吻孩子的臉頰等。在扮演親吻狂時，可以換上連帽斗篷或是戴帽子，做點小變身更能添加樂趣。

8 「〇〇在哪？」搔癢癢遊戲

和孩子面對面，一邊發出「肚臍在哪裡？」「肚臍～」的聲音，一邊搔孩子癢。可以利用臉部和身體各個部位進行遊戲。一邊說著「肚臍在哪裡？」，一邊表現出準備出擊的模樣，更能提升孩了「什麼時候會過來」的期待、緊張感。

9 丟球遊戲

丟球就像人與人之間的對話，可以提高孩子的社會性。過程中需配合「要去囉！」、「好喔！」的對話。若孩子還無法順利表達自己的意思，可以在有眼神接觸時將球丟出。建議一開始使用海灘球尺寸的球類。若不方便丟球，可以面對面坐下來用滾的方式進行。

10 可在家中進行的簡易版打地鼠遊戲

利用家中有下方門縫的門進行遊戲。隔著門與孩子面對面坐下，接著將有圖案或文字的卡片從門縫中伸出、抽回，另一側的孩子負責打地鼠。打到後讓孩子回答卡片上的問題，如此便能利用快樂遊戲的時間練習語言。若孩子自己尚無法獨自遊戲，可以由另一人從背後引導。

11 舉高高遊戲

詢問孩子：「想要抱抱的時候要怎麼辦？」引導孩子說出：「抱抱」的要求語言。若孩子還不會說話，父母可以發出「啊～」的聲音，引導孩子也發出：「啊～」的回應。並在孩子發出聲音回應的瞬間舉起孩子，一邊說：「舉高高」。這時候就算孩子只會發出「啊～」，也請務必稱讚孩子：「你會說抱抱了耶，好棒！」鼓勵孩子說出要求語言。

12 抱起後倒著轉圈圈

雙手確實地環抱住孩子腰部，喊出「1、2、3」準備暗號，撐住孩子腰部，讓孩子向下倒。大部分的孩子很喜歡這種刺激感，所以可以誘發孩子多次說出要求語言。

13 全家一起玩氣球排球

用氣球當作排球。若孩子無法順利觸擊氣球，大人可以在氣球上綁上繩子，手動使氣球上下浮動，或也可以垂吊在天花板上。全家人一起玩更有趣，且能培養孩子的群體性。同時也能訓練孩子追視移動物體的能力。

14 抱著孩子一起讀繪本

自閉症兒童中有些孩子對繪本沒興趣，此時可以選擇立體繪本或學齡前繪本較能引起他們的興趣。先從2～3頁開始，當孩子能夠一起讀繪本時記得給予稱讚。等培養出孩子的興趣後再慢慢增加頁數。

Let's try!

利用遊戲建立親子關係

藉由肢體接觸遊戲③培養共感心理

接下來要繼續介紹各種肢體接觸遊戲。全家一起參與、炒熱氣氛，孩子的反應會更好。

面無表情的A，經過1小時的肢體接觸遊戲後會笑了！

這是我前往A家做治療輔導時發生的事，A被診斷爲重度自閉症。

一開始，A完全無法與我進行眼神接觸，且安靜不下來，不斷在家中走來走去。A的媽媽和我說明：「A也不玩玩具，連按按鈕這麼簡單動作也不會。」我讓A實際嘗試看看，但A的身體立刻變得毫無生氣，完全感受不到他的動力。

這時我立刻改變了我的方針，開始和A一起進行本章介紹的「飛撲棉被（第56頁②）」、「飛機遊戲（第57頁③）」等各種肢體接觸遊戲。結果原本面無表情的A，在最後臉上泛起了一絲絲微笑。大概經過1小時後，在玄關目送我回去的A居然盯著我的眼睛看了約20秒左右。在此之前A從來沒和人對視過，所以A的母親非常震驚。我也因此再次重新體驗到肢體接觸遊戲的效果，眞的非常感動。

與他人的眼神接觸在發展社會性上極爲重要。與他人的眼神接觸愈多，孩子就會對人開始產生興趣，慢慢地也會開始對周遭事物產生興趣、萌生好奇心，如此一來，社會性也會隨之提高。

因此，可以先從孩子比較容易接受的遊戲開始，並耐心持續1個月試試看。

培養發展遲緩兒社會性的步驟

透過肢體接觸，與他人進行眼神接觸

↓

對周遭人事物產生興趣

↓

引發好奇心

↓

提高社會性

小建議

把自己當作演員，用誇張的反應炒熱氣氛

雖然父母都希望孩子能夠對這些遊戲樂在其中，但有時還是會碰到孩子在一開始毫無反應且一臉無聊的情形，這時請不要放棄。只要父母有耐心地不斷主動與孩子互動，孩子就會很緩慢地開始產生興趣。

過程中很重要的是，父母必須先讓孩子看到自己樂在其中的模樣。請父母在遊戲時把自己當作是個演員，儘可能地誇張表現，炒熱當場的氣氛。

偶爾可以全家一起參與，例如拍手、擊掌、發出應援的歡呼聲，讓氣氛更加熱烈。

只要身旁的人樂在其中，孩子便會慢慢產生興趣，開始想要參與。受到身旁家人的反應影響，孩子本身對遊戲的反應也會更好。

輕鬆與孩子進行眼神接觸的遊戲

1 等孩子有眼神接觸後再給玩具

在給孩子玩具或零食時，請等孩子有眼神接觸後再給。若孩子不肯與自己進行眼神接觸，可以將玩具或零食靠近自己眼睛附近，如此孩子自然就會看向自己的眼睛。

2 在孩子的附近呼喚孩子的名字

走到孩子附近呼喚孩子的名字，並看著孩子的臉。當孩子看向自己時，可以立刻抱緊孩子並高興地稱讚：「哇！你看我了耶！」一開始要在孩子的附近呼喚，等孩子情況改善後，可以慢慢拉開距離。

3 等待孩子自然看向自己

看著孩子的臉，不發一語靜靜等待孩子看向自己。當孩子與自己有眼神接觸時，請盡情稱讚孩子，例如：「你看媽媽了耶！媽媽好高興！」同時可以抱緊孩子或搔孩子的癢。不斷重複練習，讓孩子知道對方喜歡與自己有眼神接觸。

Let's try!

利用遊戲建立親子關係

藉由眼神接觸遊戲達到與孩子心靈交流的目的

眼神接觸是與他人溝通的基礎。透過簡單的遊戲，讓孩子體會眼神接觸後心靈交流的愉悅。

進行眼神接觸遊戲時要常保微笑

發展遲緩兒大部分都不擅長與他人進行眼神接觸，但是眼神接觸是與他人溝通的第一步，而且也是提高孩子社會性極爲重要的關鍵。

不過，家長若是以責備的方式與孩子進行溝通，例如：「你要看媽媽的眼睛呀！」，孩子只會愈來愈退縮，愈來愈討厭與他人進行眼神接觸。

建議嘗試右頁中建議的小遊戲，一天需重複數次。若是不喜歡看他人眼睛的孩子，可以誘導孩子看自己兩眼之間的地方。

遊戲中，父母保持笑容相當重要。請持續嘗試各種類似的互動，以增加親子間眼神接觸與分享歡樂時間。

當孩子與自己有眼神接觸時，請用最好的笑容大力稱讚孩子：「你看媽媽了耶！媽媽好高興！」在不斷重複練習之下，若孩子能夠意識到「嗯？每次看媽媽的眼睛，媽媽好像就會很高興」便代表成功了！到這一步，孩子就能主動與他人進行眼神接觸。

只要孩子愈來愈習慣眼神接觸，父母也會漸漸感受到自己和孩子之間似乎開始有心靈上的交流，雙方的親密度也就會瞬間加深。

適合全家一起玩的眼神接觸遊戲

大家圍繞著孩子坐成一圈，輪流呼喚孩子的名字，若孩子望向呼喚者，全體一起拍手。有時孩子會因為大家笑著鼓掌，慢慢地覺得自己受到稱讚，或是開始對遊戲產生興趣。

小建議

完全不與他人進行眼神接觸的孩子

用兩手輕輕扶著孩子的臉頰慢慢引導，可以讓孩子比較容易有眼神接觸。若孩子還是不願意進行眼神接觸，可以用手指指著自己兩眼中間，和孩子說：「看我的眼睛喔～」此外，第58～59頁的「飛撲棉被」與「飛機遊戲」也是大家評價對孩子的眼神接觸行為非常有效的遊戲。

Let's try!

利用遊戲建立親子關係

藉由指稱遊戲提高共享注意力

注視他人指示之物的能力＝共享注意力。當此能力提升，就能培養孩子主動表達自己想法、想得到他人共鳴的欲望。

配合指物動作與聲音，引起孩子的注意

兒子空的共享注意力非常弱，就算我指著某物和他說：「你看」他也毫不理會。

因此，我在空3歲時，趁著散步途中不斷地重複以下的語言互動，才慢慢看到些許效果。

例如，看到螞蟻在路邊爬行，就會稍微誇張地大聲喊出：「啊！」「啊！」以引起空的注意，同時指著路邊的螞蟻一邊牽著空靠近。

接著，當孩子伸出手指著螞蟻並看著螞蟻的時候，我就會說：「螞蟻！」並要求孩子重述。此時若孩子忘記手指螞蟻，父母可以從背後牽孩子的手引導孩子手指螞蟻，再立刻說：「有螞蟻耶～」並看著孩子的臉。

請在散步時對任何看到的事物進行上述的指稱遊戲。如此就能在不勉強孩子的狀況下，讓孩子自然地注視父母所指方向。

當孩子學會共同注視之後，可以在孩子說出：「螞蟻」時，接

在家中可以進行尋寶遊戲提高共享注意力

著回說：「快看！」並將臉靠近孩子，促使孩子與父母進行眼神接觸。如此孩子爲了要確認「媽媽（爸爸）是否也正看著自己在看（想告訴媽媽或爸爸）的東西？」自然地看向父母的臉。此能力對典型發展兒童而言極爲自然，且與孩子的社會性發展有關。

另外，與孩子共同注視某事物，評論「可愛」、「有趣」的同時，也要與孩子進行眼神接觸，讓彼此共享歡樂時間。只要不斷重複練習，就能慢慢地誘發孩子表達自己的想法、想獲得他人共鳴的欲望。

將零食和玩具放在家中較顯眼的地方，父母指著放置處：「那裡有餅乾（玩具）喔！」讓孩子自己去找。由近至遠，慢慢拉開距離。

其實在家中進行尋寶遊戲也能提高共享注意力。基本上不需要特別準備，只要將每天的點心和孩子喜歡的玩具放在不同的地方即可。此時父母只要指著目標放置位置的方向和孩子說：「那裡有點心喔！」讓孩子去找即可。

尋寶遊戲的重點在於目標要放在容易找得到的地方。一開始從近距離處開始，等習慣後再慢慢拉開距離。

待孩子完全習慣後，父母就可以不用說話直接拍拍孩子的肩膀，讓孩子學習只靠父母所指方向或父母的視線來找尋目標。

此遊戲也可以訓練孩子觀察對方注意力所在之處。這也是發展遲緩兒較不擅長的能力之一。

Let's try!

利用遊戲建立親子關係

藉由唱歌和手部遊戲提升語言能力與模仿力

一邊唱歌，一邊配合旋律做動作，可以培養語言能力和模仿力。父母要樂在其中並持續。

挑選孩子喜歡的歌，重複遊戲

在教導發展遲緩兒時，即使告訴孩子：「看媽媽的示範，重複做一次」基本上並不能順利得到預期效果。唱歌與手部遊戲是能有效促進孩子模仿力與語言能力的方法。

最近市面上出了很多童謠繪本。我個人會從中挑選出孩子喜歡的歌曲和圖片，複印成彩色版本後再自行編排成適合孩子的繪本。與孩子一起閱讀繪本時，配合手指之處一邊唱歌，既有趣又能幫孩子增加詞彙。

我每天大約會用1小時與兒子一起躺在床上閱讀繪本一邊唱歌。躺在床上可以讓孩子容易集中，父母也比較放鬆。經過數個月的努力之後，原本不怎麼說話的兒子，居然開始唱起一些小片段。

若能在歌曲中加入手部動作，

讓孩子看到自己也樂在其中相當重要

更能提高孩子的模仿力。市面上也有相關的書籍，但其實只要在網路上搜尋，就能看到教學影片。一開始可以從初階嘗試，挑出孩子喜歡的歌曲後重複遊戲即可。

全家一起加入遊戲更有趣。首先父母必須先做出樂在其中的模樣給孩子看，一開始即使孩子較無反應也不需氣餒，多重複幾次讓孩子看到快樂的模樣，再從背後引導（給予提示）讓孩子模仿。

有些孩子在有物品的情形下比較容易進行模仿。例如打玩具鼓、用杯子喝水、利用桌子打拍子等。若難度較高，可以從孩子背後給予提示。

最重要的方式是找出適合孩子的方法，快樂並有耐心地帶著孩子做模仿的遊戲。

借助物品的模仿遊戲

小建議

父母忙碌時，可以放童謠CD給孩子聽

等孩子已經了解到和父母一起唱歌很快樂，就能在忙家事時播放孩子喜歡的童謠CD給孩子聽。此時最重要的是讓孩子重複一直聽最喜歡的歌曲，如此孩子就比較容易集中在歌曲上，也比較容易跟著節奏記住歌詞。

我的失敗經驗2

對兒子的漠不關心置之不理

兒子在2～3歲的時候，到動物園也完全一副沒興趣的樣子，簡直就像那裡根本不存在動物一般。

當時我覺得都難得來動物園了，非常希望兒子能多少展現出一點反應。於是就和兒子說：「你看！長頸鹿喔！長頸鹿耶～」但兒子依舊毫不理會。我甚至試著將兒子的臉轉向圍欄中的長頸鹿，但兒子的視線還是停留在別的地方。

看著其他滿臉高興看著動物的孩子，心裡想著：「空對動物也沒興趣啊……。」就這樣放棄互動。那次之後很長一段時間都沒帶兒子去動物園。

但是，如果我在那時試著發出聲音、在兒子的面前伸出手指引起兒子的注意，再慢慢將手指移到長頸鹿的位置，也就是所謂的「追視」，或許兒子就會將視線移到長頸鹿身上。這個方法和第66頁中讓兒子注意到螞蟻的方法相同。

在那之後不久，我接觸到了ABA。和兒子一起反覆進行了各種能夠提高共享注意力（包含追視）的方法後，兒子終於開始注意到以前從來都不曾感到興趣的各種事物。

而且後來兒子主動看我、注視我眼睛的次數愈來愈多。和他說：「是貓咪耶～」「花朵開得好漂亮喔～」等等，他都會回我一個笑容。這時我才終於體會到親子共同注意某件事物，彼此之間得到共鳴的快樂。

現在兒子一到動物園，就會吵著：「下一個我們去看大象啦～」非常有活力。反而變成是兒子帶我逛動物園了！

第5章

斥責與指示時的語言互動

您對孩子是否只使用警告或命令句呢？

實踐重點

孩子能接受的說話方式

儘可能使用肯定句

您是否經常和孩子使用否定句？例如：「不可以做○○！」只要換成肯定句，孩子就會有不同的解讀方式。

「不行！不可以○○！」「快一點！」「不對吧！要我說幾次才懂」您是否會在無意間發現，自己在不知不覺中對孩子的說話方式只剩下警告、命令或者是否定句呢？

當在對孩子使用這些句子時，口氣很容易變得焦躁強勢。相對地，每天聽到這些話的孩子，就會誤以爲父母「又在生氣了」並感到厭煩。或者是會覺得父母的語氣充滿威脅感，而失去理解父母說話內容的從容。

其實只要改變說話方式，孩子的解讀方法就會明顯改變。

本章要和大家一起來思考，當想要提醒孩子，或是要求孩子做某件事時，該如何表達，孩子才不會會錯意。

改變說話方式，孩子更積極

只要改成肯定句，讓孩子意識到正面的行為……
杯子要拿好喔
杯子拿得好好，就是這樣喔！

首先，第一個重點是儘可能使用肯定句。也就是儘量不要使用「不可以〇〇！」、「不要〇〇」等否定句。以下爲改變說話方式的幾個範例：

「不要用跑的！」→「一起走吧！」

「不要打破杯子」→「杯子要拿好喔！」

「不整理好就不給你看電視喔！」→「整理好再來看電視喔！」

雖說如此，但和孩子相處，總有忍不住想大喊：「不可以！」的時候。例如，看到什麼東西都想放到嘴裡的孩子，當孩子想把石頭放進嘴裡時，可以試試看以下的方法。

先用手制止孩子的行動，接著再笑著和孩子說：「來，石頭給媽媽！」拿到石頭後記得向孩子道謝。如此不僅可以避免使用否定句，最後的「謝謝」還能讓孩子獲得正面的情緒。

若一開始就採用責罵方式，孩子很可能會因爲感到失敗就此退縮，或者表現出強烈的反抗心理。

當然，當孩子做出危險行動或是不應有的行爲時，必須以嚴肅的態度教導，但是需注意不可以情緒化地斥責孩子。平時留意使用肯定句，在緊要時才以嚴厲態度處理，如此效果才會更好。

即使從遠處大聲下指示，孩子也接收不到。

不要再玩車了！
趕快收好。
要我說幾次才明白！

實踐重點

孩子能接受的說話方式

下指示時要在孩子的附近

即使從遠處大聲重複指示，孩子也接收不到。即使再忙，也要到孩子的附近下指示。

您在忙家事時，是否會從遠處提醒孩子或是對孩子下指示呢？

此時很容易因為聲音過大，聽起來像是在生氣。孩子也容易因為在意父母的聲音過大，或是語氣不佳，反而聽不進去最重要的指示內容。

當孩子總是不按照指示行動時，父母就會不斷重複指示，此刻孩子的反應反而會變得更遲鈍。可以想像一下對老婆嘮叨無動於衷的丈夫，孩子的反應其實也一樣，儘管父母從遠處大喊，孩子通常也無動於衷。

所以，儘管再忙，也請記得先到孩子的附近再對孩子下指示。

孩子能接受的3種下指示的方法

1 到孩子身旁下指示

即便覺得麻煩，也請中斷手邊的家事或工作到孩子的身旁。首先，先喊孩子的名字，讓孩子將注意力放到自己身上，之後再看著孩子下指示。比起從遠處不斷重述相同的指示、讓自己感到焦躁，還不如短時間內的指示反而更能達到效果。

2 看著眼睛說話，讓孩子將注意力放到自己身上

如果在孩子身旁下指示，孩子還是不將注意力移到自己身上時，可以試著蹲下來看著孩子的眼睛，並握住孩子的手再下指示。藉由眼神與肢體接觸的效果，孩子便會將注意力放到父母身上、聽父母的指示。

3 不方便到孩子附近時……

如果無法抽身到孩子附近，首先必須先喊孩子的名字，等孩子將注意力移到自己身上後再下指示。如果孩子依舊不按照指示行動，可以用反問的方式：「媽媽剛剛說了什麼？」讓孩子回想，以促使孩子賦予行動。但建議還是儘可能先暫停家事或手邊的工作，到孩子的附近下指示。

✕ 您是否都在使用命令句呢？

實踐重點

孩子能接受的說話方式

儘量避免命令句

「○○！」等命令句其實可以換成其他的表達方式。請記得使用非命令句的方式下指示。

「快換衣服！」「鞋子排好！」如果父母都只使用命令句，孩子很可能變成只會等待指示的人。其實孩子與大人一樣，聽到強硬的命令都會覺得不高興。

上方插畫中，從外面回到家的孩子將鞋子隨便脫在玄關處。此時，若您必須用除了「鞋子排好！」等命令句以外的方式告訴孩子要排好鞋子，您會怎麼說呢？

以下提供4個範例給您參考。

❶「～喔」、「請～」

將「鞋子排好！」改為「要把鞋子排好喔！」語氣就比較柔軟。或者也可以用開朗的聲音說：「請把鞋子排好。拜託～」當孩子聽到父母用比較軟化的語氣和自己說話時，會覺得心情好，按照指示行動的機率也會比較高。

命令句以外，還有各種下指示的方法

❷「～吧！」

「把鞋子排好吧！」用勸誘的語氣，營造輕鬆的氣氛，孩子較不會產生抵抗，也比較容易按照指示行動。

有些父母會在孩子想尿尿卻一直憋尿的時候問孩子：「要尿尿嗎？」有些孩子會回答：「沒有！」這時可以試著用「～吧！」字句。建議和孩子說：「我們去尿尿吧！」然後輕推孩子的背部前往廁所。基本上這麼做，孩子都能乖乖地去廁所。而且「～吧！」字句可以運用在各種場面。

❸敘述句

「要排好鞋子。」有些孩子聽到敘述句比較會按照指示行動。但因為聽起來比較像責備，所以需避免語氣太過嚴厲。

❹非言語（用非語言的方式喚起注意）

如左圖，父母從孩子背後輕敲孩子的肩膀，讓孩子回頭注意自己。當孩子與自己有眼神接觸時，父母可以將視線移到鞋子上（或是手指鞋子）暗示孩子排好鞋子，此時請父母記得保持微笑。藉由此方法能減少下指示的語言，因此也不會有嘮叨的情形，親子雙方也都比較輕鬆。

以上的建議如何？每個孩子能接受的表達方式皆不同，所以請耐心找出孩子最容易接受的方法。

實踐重點

孩子能接受的說話方式

儘量避免命令句 進階篇

避免命令句的語言互動進階篇。可運用在各種場合，也能幫助孩子發展語言能力。

加入互動交談（Intraverbal）的語言互動

在與已經有些許共識的孩子對話時，可以參考下方非命令句的表達方式，非常有效果。

❶利用互動交談（Intraverbal，持續對話的能力）

互動交談，舉例來說，就像對「很久很久以前」這句話後面就會接「在某個地方」一樣，對某個語言刺激會做出固定的反應。

例如：「紅燈？」「停！」「喜歡的顏色是？」「綠色。」等，藉由語言刺激引導孩子說出接下來的詞彙或句子，能有效提高孩子持續對話的能力。

請試著在第76～77頁中，要求孩子排好鞋子的對話中加進互動交談。

首先，指著孩子凌亂的鞋子問：「鞋子呢？」若孩了會回答：

使用疑問句或刺激方式讓孩子意識到行為

「排好。」並確實行動最好。

但是，這邊最主要的目的是讓孩子按照父母的指示行動，所以並不需要勉強孩子回答：「排好」。重要的是讓孩子注意到自己沒有排好鞋子，並將鞋子排好。

❷疑問句

可以試著用「鞋子排好了嗎？」「鞋子，要怎麼樣呢？」等疑問句，許多孩子在聽到之後就會發現自己沒有排好鞋子，並馬上執行。

使用疑問句的方式可以運用在各種場合中。「玩具收拾好了嗎？」或是「玩具玩完之後要怎麼辦？」「有沒有駝背？」或者「吃飯時的坐姿？」等等，利用這樣的疑問句促使孩子完成父母希望的動作。

❸刺激方式

用自言自語的口氣：「沒有排好鞋子的人沒有點心喔，這樣可以嗎？」

這種方法算是某種制裁預告，所以語氣太強勢會令孩子產生反感，因此必須注意使用方式。如此孩子會乖乖聽進父母的暗示，想說：「我要吃點心！」便趕快回來把鞋子排好。

「快點！」是否成為您的口頭禪了呢？

實踐重點

孩子能接受的說話方式

利用數10秒或計時器做出預告

用「10秒完成○○喔！」做出預告後，可以用數數的方式或是計時器測量時間，孩子較容易順利完成動作。

有某段時期，我每天早上都在罵兒子。因爲早上起床後，兒子必須換好衣服去幼稚園，但總是拖拖拉拉不肯換，結果「快點換衣服」就成了我的口頭禪。但其實無論我怎麼罵，都完全無效。

那時突然想到可以試試看預告10秒，然後幫孩子計時。

「能不能10秒穿好褲子？預備～開始！1、2、3、4……」

結果兒子居然很配合，迅速地換好衣服。總是拖拖拉拉的兒子，居然5秒鐘就穿好褲子。

「好厲害，5秒就穿好了耶～那接下來是10秒穿好襪子喔！1、2、3……」

自此以後，我家每天早上都能看到在我的計時聲下迅速換好衣服的兒子。

事先預告讓孩子順利完成指示行動

其實這個方法對很多有拖延症的孩子都很有效。

另外，也很推薦在遊戲結束前用計時器預告結束時間。提前給孩子看計時器，和孩子約好「嗶嗶聲響就結束喔！」「嗯！」。當嗶嗶聲響後就要徹底執行預告內容，結束遊戲並收拾整理。鈴聲是區分標誌，可以順利引導孩子進入下一個動作。不過很重要的一點，父母可在鈴響約1分鐘前再次預告：「還有1分鐘就結束了喔！」

平日就讓孩子習慣計時可提升孩子的效率。例如，先預告：「數10秒就要結束遊戲喔！」「數到30秒就要從澡盆出來囉！」後，再開始用快樂的語氣幫孩子計時。

發展遲緩兒中有些孩子對聲音較敏感，因此會討厭或恐懼鈴聲。此時，首先要讓孩子習慣鈴聲。可以用大聲量播放孩子喜歡的影片，再從遠處響鈴。等孩子呈現放鬆狀態時，再慢慢縮短計時器與孩子的距離。若孩子一直無法習慣計時器鈴聲，請停止使用計時器。

對孩子的指示要具體、簡潔

父母指示不清楚或一次下太多指示，會讓孩子產生混亂、不知所措。

指示是否不夠清楚？

當您在面對屋中散了一地的玩具，是否曾對孩子下指示：「整理乾淨」呢？

其實這樣的指示會讓孩子不知道該怎麼做，而陷入思考停止的狀態。

父母習慣性脫口而出的「好好做！」「不好好○○不行吧！」等指示其實非常不具體，會讓孩子不容易理解。

如果希望孩子整理玩具，可以拿著整理箱並具體告知孩子：「把積木放到箱子裡吧！」如此就能順利讓孩子完成自己期望的動作。等孩子將積木全部收進箱子裡後，再用同樣的方法要求孩子將玩具汽車放進籃子裡。

另外，您是否也曾經在傍晚時爲了讓孩子停止遊戲、準備吃飯而

按照順序一個一個地給予明確的指示

說過：「不要一直玩，趕快收一收洗手好吃飯！」

其實，上述指示中有太多的要素，有許多孩子會因此而不知道如何是好。

那麼，該怎麼辦呢？

此時必須先對孩子下第一個必須行動的指示，也就是讓孩子停止遊戲。例如可以運用第80頁介紹的計時10秒法：「要吃飯囉！數到10就停止遊戲囉！」因爲指示內容簡單具體，所以孩子比較容易理解應該採取什麼行動。

如果孩子停止遊戲，即可參照左側漫畫的順序對孩子做出具體的指示，讓孩子整理玩具。完成後再做出新的指示：「好！來洗手！」如此便能讓孩子順利進行下一個動作。

父母在忙碌時，很容易一次做出數個指示。不過，正因爲是大人，所以才更有必須立刻處理很多件事情，而感到混亂、不知道該從何著手的經驗。只要嘗試以孩子的立場來思考，應該就能明白其實對孩子而言更不知所措。

如何給予孩子容易理解的指示，重點就在於要配合孩子的行動，儘可能按照順序一個一個地給予孩子明確的指示。

指示是否都慢了一步呢？

您是否有過類似的經驗：和孩子一起回到家，在玄關處對孩子說：「鞋子要排好！」，但孩子早已經跑到廚房開冰箱了。接著您又緊張地喊到：「要先洗手！」但也已經爲時已晚，孩子早已倒好果汁準備要喝了。

其實，當父母指示慢一拍，孩子很容易不聽指示，照自己的意思動作。爲了避免此狀況，順利讓孩子按照自己的指示行動，該採取怎樣的語言互動呢？

這邊建議使用第2章中的ABC分析法。所謂的ABC分析，就是將孩子的行動拆解成A（前因）→B（行動）→C（後果）後進行觀察分析，從中找出如何讓孩子做出父母期望的行爲。

上面的例子中，若將焦點放在A（前因）＝「進到玄關前的行動」，就能推測出以下的對話。

實踐重點

孩子能接受的說話方式

透過事前確認改善孩子的不適當行為

指示太慢，孩子不按照要求行動時，可以提前和孩子確認稍後要進行的行為。

事先和孩子確認稍後要進行的動作

與孩子一起出門返家時，在開門前先和孩子確認回家後應該進行的行為，就能順利讓孩子完成要求的動作。事前確認需持續進行到孩子在沒有事前確認的情況下也能順利完成要求的動作為止。

（和孩子一起朝著玄關前進）

「回家後第一件事是什麼？」「排好鞋子」「嗯嗯，然後呢？」「洗手」「下一個呢？」「漱口」「全部答對！」

接著再要求孩子：「那麼再試著說一次回家後應該要做的3件事」，並一一確認：「第一件事？」「排好鞋子」「第二件事？」「洗手」「沒錯，第三件事？」…按照順序一個一個確認。

事前和孩子進行確認，改變A（前因）的狀況，孩子就較容易做出父母期望的B（行動）。同時父母也不需一直嘮叨。

若是不擅長對話的孩子，可以在提問後給予提示，例如：「回家後第一件事是什麼？」「排好鞋子」，接著再讓孩子重述：「排好鞋子」。無論是採取何種方式，都必須先在事前和孩子確認完到家後應進行的行為，之後才開門。

事前確認需耐心地持續進行，直到孩子能在沒有事前確認的情況下，也能獨自完成要求的動作爲止。

Dr.平岩的小叮嚀

若孩子對口頭上的確認較無反應，可以採用視覺化的方式讓孩子理解

有些對口頭上確認較無反應的孩子，對視覺化的圖或文字較敏感，可以依靠此特點讓孩子理解。建議試著在白板或小黑板上寫下或畫下回家後必須做的事項，並掛在玄關附近。此時父母只要輔助孩子養成確認白板或黑板的習慣，孩子就能明確地知道自己應該要做什麼並迅速行動，父母需要下的指示也會大幅減少。

您是否會因為個人因素而責備孩子呢？

實踐重點

孩子能接受的說話方式

發生問題時，能讓孩子冷靜下來的語言互動

您是否會因個人因素而責備孩子呢？解決問題時，一句能讓孩子冷靜的話會比生氣謾罵更有效。

「這樣不行吧！你在幹什麼？」父母經常會在孩子沒有按照自己預期行動時，如此責備孩子。

其實仔細思考後，很多時候父母在責備孩子都不是爲了孩子，而是爲了自己。

例如，快到出門時間了，急急忙忙地幫孩子準備好衣服，孩子卻拖拖拉拉不肯換。此時父母就會開始責備：「快點換衣服！你每次都拖拖拉拉的……」此時父母生氣的原因在於：因爲自己想要趕快出門卻無法出門。

爲了趕上時間，本來父母就應該早點開始準備，卻將責任推到孩子身上。

建議父母從現在開始培養客觀檢視自己「我現在是不是因爲我自己的個人原因，所以才責備孩子」的習慣。

「該怎麼辦？」一句話就能讓孩子冷靜下來

右側插圖中，父母生氣也是因爲自己「要清理打翻的味噌湯很麻煩」。

在此情況下，請深呼吸一口氣再和孩子說「打翻了耶，該怎麼辦？」

這句話除了能讓父母壓下怒氣之外，也能讓孩子有正面思考問題的餘力，如此親子雙方都能冷靜下來。

若孩子回答出「用抹布擦乾淨」就表示成功！若孩子說不出答案，父母可以給予提示「用抹布擦乾淨」，並讓孩子重複自己的話即可。

藉由可以讓彼此冷靜下來的一句話，讓孩子養成思考下個行動的習慣，並和孩子一起處理突發其來的狀況。只要不斷重複此種互動，孩子便能學會在打翻味噌湯時自動拿抹布來擦的行爲。

當處理完眼前狀況之後，記得問孩子「爲什麼會打翻呢？」讓孩子思考原因。若孩子無法回答，可以給予提示「因爲放得太靠近桌邊了」，讓孩子知道下次該注意什麼。

我的失敗經驗3

對鏡子中自己憤怒的臉孔感到愕然

曾經在某日，我因爲兒子的行爲感到心煩，所以斥責了兒子。當下我不經意地看到了鏡子中自己的臉孔。

「好恐怖！我的臉太恐怖了！」瞬間我自己也對這張看起來像個妖怪的臉孔感到愕然。

並油然對兒子產生罪惡感，心想：「媽媽每次都用這麼恐怖的臉在教訓你啊……空，對不起」。

平時照鏡子時，基本上內心都很平靜，所以眞的被自己生氣的臉孔嚇了一大跳。

有時因爲太過集中在孩子的療育上，面對孩子的臉孔太過認眞、嚴肅，雖然沒有生氣，但臉部表情還是非常恐怖。

看到父母恐怖的臉孔，孩子也會失去笑容、反應變得遲鈍。

爲了讓孩子一直都能擁有燦爛的笑容，請記得養成用笑臉與孩子說話的習慣。

第6章

7種方法，妥善處理孩子的問題行為

實踐重點

問題行為的處理對策

① 提示代替行為，引導至適當行為

孩子發生問題行為，通常都有目的。目的大致可分成4種，在處理孩子問題行為時，必須視其目的調整處理對策。若採用錯誤對策，將導致問題行為更嚴重。

錯誤的對應方式導致問題行為更加嚴重

孩子產生問題行爲，大致可分爲4種目的：①要求（想要○○）、②拒絕・逃避（不想做○○、想逃避○○）、③想引起父母或其他人的注意、④尋求感覺刺激。

①和②只要滿足孩子的慾望，或是不勉強孩子做不想做的事就能暫時讓孩子停止問題行爲。但此種方法只會讓孩子在想得到某物，或想逃避某事時以問題行爲解決。③的情形下，孩子會將父母的教訓、斥責誤以爲是父母的關心，所以訓斥無法消除問題行爲。

以上皆爲錯誤的對策，只會加深問題行爲。本章將會介紹7種能有效消除孩子問題行爲的方法。

第一個方法爲提示代替行爲，將問題行爲引導至適當行爲。

例如④的情況下，孩子爲了得到感覺刺激，凡是雙手能觸碰到的物體都會當成鼓來敲。在處理孩子此行爲時，請拿玩具鼓和鈴鼓給孩子，並和孩子說明：「來玩這個吧！」當孩子不再敲打其他物品，

引導至適當行為

也請記得稱讚孩子：「哇！好棒喔！好厲害喔！」以強化孩子敲打玩具鼓與鈴鼓的行為。最重要的是需引導孩子進行無法與問題行為同時並行的行為。

若孩子喜歡開關水龍頭，可以邀請孩子玩投球遊戲，悄悄地將孩子引導至其他的行為。

若孩子哭鬧，則可以像左圖一樣，慢慢將孩子的注意力引導至其他地方。

讓哭鬧的孩子冷靜下來的計數法

①讓孩子靠在自己的身上，配合孩子的呼吸輕拍安撫孩子。②配合計數聲，用另一隻手的手指在孩子眼前比數字。如此能有效分散孩子的注意力，讓哭鬧中的孩子冷靜下來。不過，也有部分的孩子在獨處情況下比較容易冷靜。最後，等孩子冷靜下來，記得摸摸孩子的頭。

小建議

修正孩子用哭鬧表達情緒的方法

當孩子想要某物或是內心感到不快時，自閉症兒通常無法用語言來表達心情，所以只好用哭鬧來抒發情緒。

若是對孩子哭鬧的行為感到心痛，我希望您能夠理解「其實這個孩子有話想說」，並正面思考孩子其實「擁有自我主張的能力」。當能完全理解孩子的行為之後，再來教導孩子如何正確表達自己的情緒。

①要求：「給我○○」、「幫我拿○○」等。
②拒絕：「不要」、「不行」等。
③關心：「看我」、「欸欸、媽媽～」等。

以上都是在與人溝通時必須的語言。

請參考第7章的語言互動範例，指導孩子使用上述語言，幫助孩子不再用哭鬧來表達情緒。

② 忽略問題行為，以稱讚改善問題行為

有時故意無視孩子的問題行為反而比較有效，但前提是必須了解此方式也有傷害孩子的副作用。

✕ 有時訓斥反而得到反效果

幼稚園中，有些孩子會在課間站起來走動。但每次當老師訓斥：「坐好！」後，孩子都會暫時坐下，不過，沒多久又站起來走動。這是爲什麼呢？

其實，這個孩子是爲了引起老師的注意，才不斷從座位上站起走動，所以老師的訓斥反而會得到反效果。

此時請暫且先無視孩子的問題行爲。在此例中，請先不要斥責孩子，待過一段時間後，孩子發現自己沒有受到關注，就會回到座位上。這時請不要忘記稱讚孩子：「回座位上坐好了耶，好棒喔！」若孩子持續坐在椅子上30秒，或是3分鐘，請在孩子乖乖坐著的過程中也加以誇獎。對孩子的適當行爲給予稱讚，可以強化該行爲，孩子也較能繼續保持該行爲。

無視問題行為，稱讚正確行為

雖然此方法可以運用到各種場合上，但需避免過度使用，以免導致忽略孩子的情緒。

自閉症者A在幼時，只要玩遊戲輸了，就會怪罪他人並無理取鬧。但重複幾次之後，他人漸漸不再對他的無理取鬧有所反應。在A的部落格當中，A寫到：「那時若有某個人能夠理解他的心情，對我說：『很不甘心吧！』，大概就不會產生那種得不到任何人理解的疏離感吧！」

孩子在感到寂寞、不甘心時，或是拼命忍耐時，有時會因爲不知道如何表達自己的情緒而產生哭鬧行爲。

在此情況下，請不要斥責孩子的行爲（＝無視問題行爲）。此時請幫孩子表達出他內心的感受：「很不甘心吧！」「你在忍耐吧！」，並靜待孩子自己冷靜下來。或者也可以溫柔地詢問孩子理由：「爲什麼○○了呢？」

等孩子冷靜後也別忘了稱讚孩子。除了無視孩子的問題行爲之外，也請記得創造親子同樂的時間，努力建立良好的親子關係。

3 提示獎賞進行交涉

很多時候只要與孩子進行交涉：「做了○○的話就△△喔！」就能順利引導孩子的行為。但交涉時需要注意幾個重點。

✕ 怒吼讓孩子哭泣

應該很多人都有過以下的經驗：提醒孩子好幾次：「快去做功課」，但孩子總是不聽，最後一生氣就朝孩子大吼，結果孩子也跟著哭起來。

建議此時可以和孩子進行交涉：

「差不多該寫功課了喔！」

「不要，打完電動再寫～」

「可以打電動喔，但要寫完功課再打」

提示孩子做完功課有獎勵，引導孩子進行適當行爲。

交涉時需有點技巧：獎勵必須要等孩子完成適當行爲後再給予。即使是成人，若先領到報酬，對工作的積極度也會下降。兩者是相同的道理。

另外，也必須注意與孩子交涉時的說話方式。例如：×「給你糖果，不要吵」→○「安靜的話，就有糖

在孩子做出適當行為之後給予稱讚

吃喔！」請記得「該做的事在前，玩樂的事在後」。若持續以錯誤方式進行對話，容易讓孩子養成沒有獎賞就不行動的習慣。

有時交涉的方式也無法提高孩子的動力，例如：孩子心情不好、拒絕「做完功課再來玩」的交涉時，可以先做些親子間的小遊戲，例如搔癢等。等孩子心情轉好後再和孩子說：「再2次就結束囉！等做完功課再來玩。」用「遊戲＋應該做的事＋遊戲」的方式提高孩子的動機，如此便能順利引導孩子的行動。

若孩子接受了此交涉，可以試著進一步挑戰先給獎勵的交涉方法。

例如，孩子想看的電視節目時間比作業時間早，可以先預告孩子：「看完後要做功課喔！」再讓孩子看電視。預告後請記得必須得到孩子的回應：「知道了！」以確定承諾。孩子有心理準備，較容易主動進行要求行為。

對孩子生氣，孩子卻只會反抗

趕快寫功課！為什麼要讓媽媽每天都要說好幾遍？真是說不通的孩子・・・
啊，又在生氣了・・・
マンガ

當孩子不肯從事要求行爲時，除了交涉之外，還有由父母提供選項讓孩子自己選擇的方法。例如：

「來做功課吧！」

「欸～不要～」

此情形下，若父母生氣強迫孩子做功課，也只會惹來孩子的反抗。建議提出選項，讓孩子自行選擇。例如「那你要從6點開始做功課呢？還是從6點10分開始呢？」若孩子回答「（6點）10分開始」就成功。讓孩子自己選擇，孩子主動做功課的機率也會提升。

提供建議選項時，請記得用愉快的語氣和笑臉與孩子說話。如此，孩子便能高高興興地選擇、實行。

實踐重點

問題行為的處理對策

4 提出建議選項，將選擇權交給孩子

對孩子提出2件要求行為，讓孩子選擇。孩子會因自己的意見被尊重而獲得滿足感，執行機率也相對提升。

父母提供建議選項，孩子自己選擇

因為是自己選擇的
所以較會主動執行
來做功課吧！
欸～不要～
那要6點開始做？還是6點10分開始做？
10分開始做
好喔！10分開始喔！

若是讓孩子收拾玩具，孩子卻遲遲不肯收拾的情形，該提供什麼選項給孩子呢？

此範例中，第一個問題點在於第82～83頁中說明的「指示不具體、不夠明確」。利用提出建議選項的方法，可以輕鬆具體化指示。例如「先把繪本收到書盒裡比較好呢？還是先把玩具放入籃子裡比較好呢？」。

若孩子回答「玩具！」，就可以一邊唱著「收拾玩具囉，收拾玩具囉～」和孩子一起快樂地收拾玩具。

若孩子回答「都不要！」又該怎麼處理呢？

請對孩子說「那媽媽來選，你就整理另外一個」如此，孩子自己選擇的機率就會變高。

比起父母單方面下指示，上述方法的強制性低；同時孩子因爲父母尊重自己的意見，得到了滿足感，也比較容易接受父母的指示。

很建議將此選擇法當作學習親子間不總是父母下指令，練習尊重孩子的意思，讓孩子自己做決定的第一步。

最終目標要讓孩子在沒有指示的情況下也能主動執行要求行爲。

5 活用籌碼，讓孩子擁有自制能力

大獎賞是讓孩子積極完成每天課題的籌碼。只要善用，就能達成長期目標。

利用大獎賞讓孩子完成每日的課題

要在廁所便便喔！集滿貼紙就帶你去借DVD！
嗯。
開始
目標

收集貼紙或印章交換商品或折價券的遊戲方法，能夠享受收集與交換時的樂趣，其實大人也很喜歡。

引導孩子進行適當行為的獎賞，也可以套進此遊戲中。

二兒子陸在幼稚園中班時，回家後褲子上都會有一些屎。即使我再怎麼提醒、鼓勵：「大便要在廁所喔！」、「陸的話一定辦得到！」都沒用。詢問原因後，說是因爲玩得太投入，所以來不及去廁所。

因此我試著準備了一張用來集貼紙的表格，然後告訴陸：「如果有好好地去廁所大便，我會幫你在這裡貼上1張貼紙。集滿10張貼紙後，就去借你喜歡的DVD！」然後再將表格貼在牆上的記事板上。遊戲開始後，陸居然就不再出現這個

失敗時，請避免使用威脅口氣

問題了！我當時非常震驚利用籌碼交換方法獲得的效果。

若想要提升效果，可以在收集到第1張貼紙時立刻給予孩子一些小獎賞，即使是1顆糖果也可以。當孩子感受到收集貼紙能得到獎賞的達成感時，就可以慢慢增加換取獎賞所需的貼紙數，讓孩子了解遊戲規則，同時也請記得維持孩子的動力。

另外，也要經常和孩子確認最終目標。我在教導陸的時候，每天會固定3次，向陸確認最終目標；早上起床時、去幼稚園之前和到幼稚園時，都會對陸說：「便便要在廁所喔！集滿貼紙就能去借DVD囉！」

過程中，當孩子失敗了或沒有達成課題的時候，請絕對不要使用威脅的語氣：「爲什麼會大到褲子上呢！這樣就沒辦法帶你去借DVD了喔！」因爲孩子會失去自信和動力，之前所做的努力就會空虧一簣。

因此，孩子失敗時也請給予鼓勵，以維持孩子的動機：「好可惜。明天再繼續努力吧！」此處請記得千萬不要在表格上畫×！

孩子失敗時
若這麼處理的話……
我不小心便便在褲子上了…
為什麼會大到褲子上呢？這樣就沒辦法帶你去借DVD了喔！
我討厭這個…
スタート
ゴール

實踐重點

問題行為的處理對策

❻ 利用Time out（暫停動作或暫時剝奪自由）讓彼此冷靜

當孩子做出嚴重不當行為時，請利用Time out讓彼此先冷靜下來。需注意避免過度使用，以防失去效果。

利用Time out讓彼此冷靜

當孩子做出亂丟、亂砸東西等嚴重不當行爲時，可以採取暫時剝奪自由的Time out處理方法。此方法可以讓彼此冷靜。

過去，當孩子犯錯時，都會將孩子關進壁櫥或倉庫裡反省。這也算是一種Time out。但是，發展遲緩兒在壁櫥等黑暗狹窄的環境下很容易產生恐慌，所以請避免採取此方法。

實行Time out時，1歲的孩子大約每次1分鐘。下一頁將會介紹3種有效的Time out處理方法。

下面介紹的案例中，哥哥經常會對妹妹使用暴力，我們從中可以看到如何進行Time out處理的語言互動法。

首先，最重要的是事先預告：「這次再打○○就進行Time out喔！」

進行Time out時，請冷靜地告知孩子：「因爲打了○○，所以要Time out。」並執行至孩子完全平靜下來爲止。過程中需注意自己的口吻不可情緒化，待孩子冷靜後再摸摸孩子的頭，和孩子說：「靜下來了吧！」

雖然命令孩子：「給我進去壁櫥裡！」也是Time out的一種，但……

Time out的目的不在於懲罰，而是要讓孩子冷靜。當父母流於情緒化時，會加重懲罰的意味，可能導致孩子產生極大的反抗或恐懼不安。

不過，過度採用此方法會導致孩子習慣，而漸漸失去效果。所以原則上，除非是孩子對其他人做出危險行爲，或是故意找別人麻煩等非常嚴重的不當行爲，否則請避免使用此方法。

3種有效的Time out方法

1 帶到另一個房間讓孩子冷靜下來

將孩子帶到另一個房間，讓孩子自己待著。孩子因為離開父母且環境改變，所以能慢慢冷靜下來。當孩子冷靜後請抱一抱孩子，稱讚他冷靜下來的行為。若進行Time out的房間內有玩具或繪本等孩子的娛樂用品，則會失去效果。

2 和孩子暫時分開，讓自己冷靜下來

若自己氣到想打孩子，請先暫時離開孩子，可以到廁所等能與外界隔離的空間，並將門鎖上，保持沉默直到自己冷靜後再出來。體罰可能會讓情況更激烈，所以當情緒激動時，父母也需要時間讓自己靜下來。

3 輕輕按住孩子的手肘

到孩子的身後輕輕按住孩子的手肘。若孩子抵抗較激烈，可以讓孩子俯趴在地面上再輕輕按住孩子手肘。從正面可能會被孩子踢到，也會與孩子對視。與正在生氣的孩子對視，父母也容易變得情緒化，所以請從背後冷靜地實行。

實踐重點

問題行為的處理對策

7 事先警告，再犯就處罰

嚴重不當行為的另一個處理對策，即為事前警告，若孩子再犯就處罰。但此方法的前提是已經與孩子建立起良好的親子關係了。

停止嚴重亂扔東西行為的B

當孩子反覆出現嚴重問題行爲時，可以採取事先警告，若再犯就給予懲罰的方法。

我的諮商個案B不論是餐具還是收音機等易碎物，只要是拿得到的東西都能亂扔。

B的媽媽因爲擔心孩子：「如果不改掉亂扔東西的壞習慣，這個孩子未來要怎麼生存？」每天都憂心度日。

和B的媽媽聊過之後，我前往B家中觀察B的情形。我發現B很堅持要整天開著電視，因此就試著警告B：「下次再亂扔東西就關電視喔！」（請保持冷靜、不帶情緒地警告孩子，不要有生氣的表情）。

過了一陣子之後。B開始亂扔桌上的零食和杯子，我按照警告內容將電視關掉。

雖然B一開始大哭反抗，但在我用碼錶設定1分鐘，並告訴他：「要忍耐到嗶嗶聲響喔！響了就可以開電視。」之後，就乖乖地忍耐了1分鐘。在反覆進行警告與關電

建立良好親子關係是處理問題行為的前提

問題行為增加
父母忘記微笑，一直碎碎念
為什麼辦不到呢！
真是講不聽的孩子
不要老是讓我講同樣的話！
問題行為減少
透過肢體接觸遊戲，親子一起歡笑
啾！
啾！

視懲罰之後，在我和B的療育過程中都不再出現亂扔東西的情形。

後來，聽說B經由機會利用AB A語言互動法提升了語言能力，能慢慢表達自己的意思；而且在媽媽持續使用3分鐘Time out處理的對策之下，B完全改掉了亂扔東西的習慣。

進行此方法時，建議利用孩子想做的事情或喜歡的東西作爲孩子無視警告時的懲罰。成功的關鍵在於，懲罰時間不可過長，最長以1天爲上限。因爲時間過長，可能會讓孩子反抗得更激烈，反而加深問題行爲。

若孩子對此方法有較強烈的抵抗感，可以像我一樣先利用碼錶，從較短的時間開始進行。

其實，當孩子出現一連串問題行爲時，父母很容易忘掉笑容。但請務必避免自己用恐怖臉孔碎碎念，以免Time out和警告失效。

即使對孩子的問題行爲感到非常惱怒，也請不要忘記第4章「建立良好親子關係」的互動方法。只要父母給予孩子大量的笑容，孩子也會相對地展露笑容。其實在很多個案中，孩子都能透過這些互動得到心理上的滿足，自然就會減少問題行爲。

專欄

您是否總是用詢問的口氣詢問孩子呢？

「今天學校營養午餐吃什麼？」

「咖哩」

「休息時間玩什麼？」

「鬼抓人」

「老師出了什麼作業？」……

在問孩子問題時，是不是都習慣單方面的提問呢？

這樣實在稱不上是歡樂的對話。

其實當孩子在回答：「（吃）咖哩」時，可以重複孩子的話：「喔！吃了咖哩啊！」停一拍之後再追問：「真好！好不好吃？」如此就能順利地持續聊天。不過，有些孩子無法明確回答「今天學校營養午餐吃什麼？」。此時可以從是或否的問法開始：「今天的營養午餐是飯（是麵包）嗎？」若孩子無法順利回答「今天的菜色是什麼？」時，也可以提供2個選項給孩子：「今天的主菜是肉還是魚？」或著切換成「有沒有吃青菜？」的是／否問法，之後再繼續追問：「吃了什麼青菜？」即可。

對孩子提問時請務必保持微笑。當孩子不願意回答時也請避免出現情緒化的對話，例如：「你沒回答喔！請好好回答我。」若發現自己有情緒時，請停止對孩子提問，改成聊聊自己過去失敗的經驗等，或是反過來讓孩子提問。當孩子想不到問題時，可以替孩子問：「媽媽今天中午吃了什麼？」再讓孩子重述即可。

通常用餐時心情較放鬆，比較容易聊天。所以用餐時請關掉電視，專心享受親子間的對話吧！

第7章

日常生活中的語言互動，提升孩子各方面能力

實踐重點

日常生活中的語言互動

日常生活各種場合皆為進行語言互動的機會！

想要在日常與孩子接觸的時間中，抓住每一個機會進行良好的語言互動該怎麼辦呢？

您是否錯過了與孩子進行語言互動的機會了呢？

也許有人會覺得必須要做什麼特別的語言互動，才能幫助孩子成長。

但其實就如前面介紹的方法一樣，每天從早上起床到晚上就寢之間，都充滿了各種語言互動的機會。無論是吃飯還是遊戲，日常生活中各種與孩子有互動的場景，都能成爲提升孩子語言能力與思考能力的素材。

最重要的是，不要錯過機會，並根據當時狀況做出最適當的語言互動。本章就來一起思考如何抓住機會與孩子進行語言互動。

例如，吃飯時孩子打翻了茶杯，如果父母只是碎碎念：「啊！又打翻了。都是因爲你不專心吃飯！」並迅速處理乾淨，就失去了語言互動的機會。而且，彼此都會留下不高興的情緒。

那麼，下面的對應方式如何

正因為孩子失敗了，才是和孩子說話的好機會！

呢？這是一位還無法說話的孩子的個案。

首先，父母笑著發出聲音：「啊！」並指著打翻的地方，讓孩子看到（共享注意，第66～67頁）。接著和孩子說：「打翻了。該怎麼辦呢？」並給予孩子一些思考的時間。之後再提示：「擦乾淨就可以囉！拿一下抹布」讓孩子拿抹布（若不知道抹布是什麼，可以從背後引導孩子至抹布的位置）。

孩子拿來抹布後，一邊做擦拭動作一邊對孩子說：「謝謝。擦乾淨喔」（若對「擦乾淨」沒有反應，可以將手輕輕放在孩子的手背上引導動作）。擦乾淨桌子後再以稱讚總結：「擦乾淨了耶！謝謝！」。

如何？藉由讓孩子思考並自己清理乾淨，就能製造出各種語言互動的機會。

請經常提醒自己「在這個狀況下，我應該如何引導孩子發話」、「我該如何搭話，才能讓孩子自己思考下一步要做什麼」，並用正面思考：「孩子失敗正好是個機會」，如此就能減少對孩子的焦躁感。

是否沒等孩子提出要求就先滿足孩子的慾望了呢？

實踐重點

日常生活中的語言互動

做個不聰敏的父母，引導孩子說出要求語言

擅長察言觀色的父母，對於幫助提升孩子語言能力面上，容易造成負面的影響。請表現得遲鈍一些，引導孩子說出要求語言。

察覺到孩子所想，在孩子提出要求以前就先滿足孩子的「體貼」，在提升孩子語言及思考能力上，其實是「不體貼」的行爲。因爲當孩子即使不需用語言表達出自己的想法，周邊的人也會按照自己的想法行動，孩子就無法感受到說話的必要性。

爲了提升孩子的語言能力，必須讓孩子認識到「主動說話表達自己的想法」的必要性，所以必須當一個不擅長察言觀色的父母。

我在接觸ABA之前，也經常覺得「反正空也不了解我在說什麼」，所以就養成了先滿足孩子所想的習慣。某天，我看到兒子盯著桌上餅乾盒中的餅乾，一臉想吃的模樣，我很自然地就直接拿餅乾給兒子。此時，在一旁喝茶的鄰居太太驚訝地說：

「嗯，妳沒有要求孩子說：『請給我餅乾』嗎？」我才突然驚覺。

後來，我都會要求孩子先說：「請給我餅乾」後才給一些些餅乾。「給我」、「幫我拿」等都屬於要求語言。我也是到後來才知道，我要求孩子提出要求的行爲正是能夠提升孩子語言能力的「要求語言訓練」。

左側漫畫也是引導孩子說出要

故意裝作不懂孩子的意思，引導孩子說出要求語言

求語言的範例。儘管已經知道孩子希望自己幫忙拿架上的玩具，但還是要指著玩具、歪著頭問：「怎麼了？」「嗯？」接著再引導孩子說出：「幫我拿」。若是已經會說「幫我拿」的孩子，則可以做出拿取的動作並問孩子：「希望我幫你拿的時候要說什麼呢？」

或者故意指向非孩子要求的東西也是一個好方法。可以參考下方的例子：

「是這個嗎？」

「不是。」

「那麼，是這個嗎？」（指著孩子想要的東西）

「……………」（雖然答對了，但不知道該怎麼回答）

「對」（提示孩子應該要說什麼）

「對」

「漂亮，回答得很好。那我再問一次喔！是這個嗎？」

「對」

小建議

一點點的用心，積極引導孩子說出要求語言！

將孩子喜歡的玩具或零食放在透明塑膠盒內，並放在孩子無法拿取的位置，引導孩子說出：「幫我拿！」、「給我」等要求語言。想要引導孩子說出要求語言，必須先讓孩子親身體驗到只要用語言表達出自己的想法（若無法說出詞彙，可以發出聲音）就能得到想要的東西。

實踐重點

日常生活中的語言互動

輕鬆達成有效語言互動的訣竅❶

本篇要來介紹能夠提升孩子溝通能力的語言互動法。可以運用在各種日常生活場景中。

❶模仿孩子的語言動作

例如，孩子一邊發出「啊啊」聲一邊敲打著桌子，父母可以跟著一起做。此方法適合在與還不太會說話的孩子相處時使用。藉由體驗到父母模仿自己的動作和聲音＝共有體驗，孩子就能感受到發出聲音的樂趣。透過此方法，可以期待孩子因爲歡樂氣氛的影響，與自己進行眼神接觸。

❷用「孩子的語言」幫孩子說出動作與感受

可以在孩子正在進行某行爲的時候，幫孩子說出該行爲與感受。

例如，孩子努力地要爬到溜滑梯的頂端，父母可以配合孩子動作的節奏幫孩子配音：「爬樓梯。爬樓梯。」配合孩子的動作，將該動作的詞彙輸入孩子的腦中，讓孩子了解自己現在正在做什麼。

當孩子爬到頂端後向下看，就可以以孩子的角度說：「好～高～」此時，請避免使用「要說：『好～高～』」這種教導的說法。

首先要讓孩子知道發出聲音的樂趣

「實況轉播」重點為重複詞彙時需賦予節奏

因爲自閉症孩童會記住整句話，反而會養成不自然的遣詞用字習慣。最重要的是要用孩子的語言幫孩子說出他的感受。

❸ 實況轉播父母的心情和行動

向孩子實況轉播父母自己的一連串行爲，藉由結合行爲與語言，更能有效增加孩子的詞彙、提高孩子的會話能力。

因此，首先要讓孩子將注意力放在父母自己的動作上。例如，孩子想喝果汁，就讓孩子看著自己倒果汁的模樣等。只要是能夠滿足孩子希望的動作，都能吸引孩子的注意力。

首先必須要告訴孩子：「我要倒果汁囉！」接著重複想讓孩子學習的詞彙：「這個是什麼？是杯子！杯子！」此時，再配合手指上下的移動與有節奏的發音，孩子比較容易記憶。

接著指著果汁，確認孩子將注意力放在果汁上後，一樣重複詞彙：「這個是什麼？果汁，果汁」。停一拍後，再告訴孩子：「倒，果汁！」然後再將果汁倒入杯中。完成後，指著杯子說：「果汁，倒好了！」

實況轉播時，每個單字之間都要停頓，停頓時間大約1秒鐘。如此一來，每個單字都能很清楚地被切割開來，孩子也比較容易理解。

輕鬆達成有效語言互動的訣竅②

接下來是能提升孩子溝通能力的語言互動法。藉由擴展孩子說出的句子，就能順利展開對話。

若孩子說出任何句子，請試著增加孩子的詞彙量

❹加入新的訊息，擴展孩子的句子

接下來要介紹比較適合已經有少許詞彙量孩子的語言互動法。

例如，孩子指著運行中的車子說：「車！」（名詞），此時父母可以擴展孩子的句子，例如：「車子來了」（名詞＋動詞）。相對地，若孩子說：「車子來了」，父母則可以回：「紅色的車子來了」（形容詞＋名詞＋動詞）。藉由增加不同類別的詞彙來擴展孩子詞彙的種類，能有效提升孩子的詞彙量。

而且，此方法也能有效引導孩子說出要求語言（第108～109頁）。

當孩子想要點心時，父母可以先提示孩子，要求孩子說出：「我想吃點心」的要求語言，而不是直接給予。等孩子說出：「我想吃點心」時，父母才說出：「好，給你」並給孩子點心。

想順利與孩子進行語言互動，首先必須仔細觀察孩子的狀況

❺用不曾使用過的句子與孩子進行語言互動

這也是利用孩子說出的句子進行語言互動的方法。

例如，當孩子看到停在花上的蝴蝶，「蝴蝶」時，父母可以加入新的單詞做出會話句「蝴蝶停在花上了耶！」。

使用此方法時的重點在於時間上的掌握，必須抓好時機。或者可以加入問句，讓孩子自然重述父母的句子。

「花」→「花好漂亮～」

「花怎麼樣了？」→「花好漂亮」

只要持續這樣的語言互動，就能培養孩子對與人溝通的興趣，慢慢就能說出較複雜的句子。

日常生活中語言互動的重點

1. 保持積極的態度與孩子互動

保持積極的態度，並耐心地與孩子進行語言互動，避免「反正這孩子也聽不懂」等負面想法。孩子的詞彙只是收在腦中的抽屜裡而已，請保持正面思考，相信某天這些詞彙一定會從抽屜中傾巢而出。

2. 配合孩子的語言程度進行互動

無計畫性地與孩子對話，孩子並不能接收到父母想傳達的意思。所以父母必須觀察孩子的反應，配合孩子的語言程度來進行語言互動。

3. 養成觀察孩子目光所在的習慣

當孩子正在注意、體驗某事物，或是感受到任何情緒時，都是進行語言互動的最佳時機。請養成觀察孩子的習慣，以免錯過這些機會。最重要的是觀察孩子目光所在之處，利用孩子注意的事物進行語言互動。

4. 提示時請避免使用不必要的詞彙

在給孩子提示（替孩子說出心中的想法與動作）時，需避免使用贅字。當孩子想再玩一次同樣的遊戲時，父母很容易說成：「要說：『我想再玩一次。』」但因為很多自閉症兒童會直接完全複製，回答父母時會說成：「要說：『我想再玩一次。』」。所以在給予孩子提示時，只要提示孩子要說的句子：「我想再玩一次。」即可。

小建議

避免嚴厲指謫孩子說錯的部分 保持笑容若無其事地以正確的詞彙重述

孩子說錯時，請避免用很可怕的臉否定孩子：「不對吧！」，或是質問：「你剛剛說了什麼？」例如，孩子發錯音：「幫我『ㄉㄞ』（電視）」時，請笑著以正確的發音重述一次即可：「好喔！來開電視」。之後再提示孩子：「幫我開」，並讓孩子重述：「幫我開」即可。

當說話時一直被糾正，孩子就會變得討厭說話。所以需先認可孩子發話這件事，若孩子在父母以正確詞彙重述後也再次模仿，請稱讚孩子：「沒錯！說得好棒！」

實踐重點

日常生活中的語言互動

試著洗洗手①

讓孩子到洗手台洗手。在如此稀鬆平常的行為上，該如何和孩子進行語言互動呢？接下來，我們將這件事拆成三部分來思考。

您是否在幫孩子洗手時不發一語呢？

帶孩子到洗手台前，再讓孩子洗手。其實在每天都要重複數次的動作中，有許多與孩子進行語言互動的機會。

不知您是否有發現這個機會？還是以爲「反正這個孩子也聽不懂，所以說了也沒用」，因此就在整個行爲中都無聲以對呢？

首先，我們可以將帶孩子去洗手這項行爲分解成3部分：①帶至洗手台前，②轉開水沖手，③抹肥皀洗手。左頁是以尚無法組織語言孩童爲對象的範例。重點必須用語言誘導孩子思考接下來的動作。看起來簡單，但其實有許多複雜步驟的「洗手」動作，是培養孩子自己思考習慣的極佳教材。

說話內容要能讓孩子意識到下一步動作

1 帶孩子到洗手台前

首先對孩子說：「來洗手吧！」接著輕推孩子的背部，帶孩子到洗手台前，路上可以一邊和孩子說：「洗手台在哪呢？洗手台在哪呢？」到洗手台後，再自問自答「這是哪裡呢？」「洗手台」即可。不需要勉強孩子說出：「洗手台」。

2 轉開水沖手

和孩子說：「開水囉！」並從孩子背後誘導孩子用手轉開水龍頭。水出來後請指著水說：「水出來囉！」接著再從孩子背後協助孩子用水沖手，此時也請和孩子說「沖手囉！」沖好之後即可誘導孩子關緊水龍頭，同時也請對孩子說「關水囉！」

3 抹肥皂洗手

此時請問孩子：「接下來呢？」並稍微等待一下讓孩子自己思考。若孩子沒有回答，就可以替孩子回答「抹肥皂！」接著再指著肥皂問孩子「這是什麼？」同樣稍微給孩子一點思考時間後再替孩子回答「肥皂、肥皂」，甚至也可以用愉悅的語調說「抹肥皂、搓泡泡，抹肥皂、搓泡泡」，同時從背後協助孩子用肥皂洗手。

實踐重點
日常生活中的語言互動

試著洗手②

利用洗手時間進行語言互動的具體範例。藉由父母巧妙的引導協助與提問，就有可能讓孩子說出較複雜的回答。

有「自言自語式引導」的例子

在與已具備少許詞彙孩子互動時，父母可以先將孩子稍後應該要說的話或者提示編入自己的自言自語中，再引導孩子說出自己想說的話。此方法稱爲「自言自語式引導」，成效相當良好。

例如，帶孩子至洗手台前，父母可以先自言自語地說「到洗手台洗手吧。」然後立刻詢問孩子「要在哪裡洗手呢？」以引導孩子說出「洗手台」。到洗手台後，讓孩子按下洗手台電燈的開關，此時父母先說「變亮了！」之後立刻詢問孩子「變怎麼樣了？」

並接著詢問孩子「關了會變怎麼樣呢？」並讓孩子關掉電燈「關起來看看！」此時便可以自言自

小建議

孩子無反應時就使用麥克風作戰

當孩子對「自言自語式引導」無反應時，可以試著捏起拳頭當作麥克風和孩子說話。接著將手麥克風伸向孩子，如此孩子比較會回答問題。

無「自言自語式引導」的例子

語「關了燈變得好黑啊！」接著再詢問孩子「變怎麼樣了呢？」若孩子說出「黑」，就表示引導成功。

等孩子能根據父母的「自言自語式引導」說出目標語言之後，就可以試著讓孩子在沒有「自言自語式引導」的情形下，說出正確的解答。

首先，要前往洗手台之前，父母可問「洗手時要到哪裡呢？」若孩子回答「洗手台」時，請記得以平靜的語調，用強調爲正解的詞彙來誇獎孩子「答對了！」

到了洗手台讓孩子開燈，並指著電燈處詢問：「變怎麼樣了？」引導孩子說出：「亮」或「變亮了」等答案。

在此階段，請記得和孩子對話時，句子結構必須完整，例如：「手乾了」。雖然只使用「乾」等單字較容易與孩子溝通，但孩子可能會因爲只要說出單詞就能得到誇獎，反而無法學會使用完整的句子。

例如可以再問：「接下來要做什麼？」之後，繼續追問孩子：「要……」或是在擦好手之後，指著孩子的手問：「怎麼樣了呢？」「手……？」詢問時，可以在希望孩子學習的用字前後進行切割，讓孩子接著完成句子。這也是給予提示的一種。

另外，在進行有先後順序的行爲時，於每個階段詢問孩子：「接下來要做什麼？」養成孩子自己思考下個步驟的習慣也極爲重要。

實踐重點

日常生活中的語言互動

試著散散步

散步是培養孩子共享注意力的絕讚時機。可以試著慢慢增加散步距離，讓孩子接受到更多的外在刺激。

慢慢增加散步距離

家中有發展遲緩兒的父母，通常都會因為擔心如果孩子在外面突然發生狀況，會惹來周遭的打量，所以幾乎都有足不出戶的傾向。

但其實帶孩子出門是幫助孩子發展的絕佳機會，例如利用孩子所接觸到的所有事物與孩子對話，讓孩子活動身體，都能促進孩子腦部的發展。即使是在家附近散步，也能讓孩子接受到大量的外界刺激，還能利用這些刺激與孩子進行對話。

不過，也有討厭散步的孩子。若是此種情形，必須先從短距離開始，讓孩子慢慢適應。

例如，可以利用第80～81頁介紹的計數方法，「走10步就結束囉！」一邊數「1、2、3……」等走到10步時就稱讚孩子：「了不起！」若孩子反抗劇烈，只要和孩子說：「那今天就到這裡」直接回家即可。隔天即可採用10步×3次等方法，慢慢增加總距離。

除此之外，也很建議使用「走到電線桿」等設定小目標的方法。孩子達到目標就稱讚，並告知下一個目標。偶爾也能加入一些小變化增添樂趣，例如：「倒退走」、「第5步停下來喔」、「停」、「跑跑跑～」等等。

利用具有標示性的物件設定小目標，慢慢增加散步距離。

途中若孩子露出想要抱抱的表情，可以讓孩子說「抱抱」，或是蹲下來用孩子的視角幫孩子說出「抱抱」。這邊也可以利用計數方法，例如「抱10秒喔」等，避免一路抱著孩子。

只要慢慢加強目標，並重複執行「走到了就稱讚」、「散步途中也稱讚」，孩子就能慢慢地增加能接受的距離。

散步也是培養孩子共享注意力的機會。利用第66～67頁中介紹的方法與孩子做語言互動，讓孩子注意到途中看見的動植物或車子、飛機、郵筒等等。

利用散步途中的外界刺激，輕鬆地與孩子進行語言互動，可以讓孩子的語言發展更穩定。建議參考左頁的範例，配合孩子的興趣和發展程度編排出最適合孩子的語言互動。

在散步途中進行能刺激五感的語言互動

1 詢問物件名稱並讓孩子觸摸

指著散步途中看見的物件，詢問孩子「這是什麼？」若孩子沒有回答，就給予提示「樹」後，再讓孩子重複「樹」即可。等孩子習慣之後，就可以進一步讓孩子觸碰樹，進行能刺激五感的語言互動。藉由實際上的觸碰，孩子更容易將詞彙與物件做結合。

2 詢問「在哪裡？」並讓孩子以觸碰的方式回答

「這是什麼？」加上「在哪裡？」，就能擴展疑問句的種類。例如，父母可以一邊問「樹在哪裡？樹在哪裡？」一邊和孩子慢慢接近樹。若孩子指著樹木，就可以回答「對，是樹喔！」並引導孩子觸碰樹木。

3 替孩子表達心情

在①和②中，孩子觸碰樹木時，可以仰望並加入「好～高～」等語言互動，替孩子說出心中的想法。或是，孩子準備要從溜滑梯上滑下，可以說「要溜了～」滑下來時可以說「溜下來了～」若孩子很開心，即可說「好好玩喔！」等，用孩子的心情與孩子進行語言互動。

和孩子一起做料理

做料理可以幫助孩子平均提升各種能力。請捨去「我家的孩子辦不到」的想法，從孩子能夠做的事情開始嘗試。

引發孩子的好奇心，在快樂的氣氛下提升孩子的能力

製作料理很能引起孩子的興趣，隨著製作步驟，材料的狀態產生變化，也能喚起孩子的好奇心。不過，最重要的還是最後能夠吃到自己做的成品，這是最具有魅力的強化因子，因此也能讓孩子更積極。

和父母一起製作料理，是培養孩子觀察事物與模仿能力的絕佳機會。藉由一起體驗的過程，還能培養孩子的社會性。

製作料理有固定的步驟，因此也能培養孩子組織能力。過程中可以詢問孩子：「接下來呢？」「然後呢？」讓孩子去思考每一個步驟。

另外，藉由調味的步驟，能讓孩子靠著自己的味覺來理解「再一些」、「再一下下」等較難理解的抽象概念。同時，藉由香氣與質地等刺激五感，也能讓孩子獲得「圓潤」、「滑」、「鹹」、「甜」、「香」等感覺詞彙。

擁有多種好處的「製作料理」若只因爲「有火和刀子很危險」、「我家的孩子不可能辦得到」等理由而不做嘗試，眞的非常可惜。安全性的考量當然必要，因此可以從孩子能做的事情開始，慢慢地讓孩子協助自己，同時建立起親子間良好的互動。

左頁爲和孩子一起製作煎蛋的部分具體範例。

讓孩子做料理的益處

- 培養模仿力與組織能力
- 提升社會性

- 理解抽象概念
- 獲得感覺相關的詞彙

製作料理時的語言互動——煎蛋步驟的部分範例

1 打蛋

「打蛋喔」「叩叩地敲幾下」

（一邊從孩子背後引導動作）「打蛋」

「打……」（再次用語言引導）

「蛋」

對於尚無法說話的孩子，需注意在進行語言互動時，必須將「打蛋」這個詞彙輸進孩子的腦中，之後在某天孩子便會使用此詞彙。雖然不需勉強孩子重述，但在反覆進行該動作的過程中，孩子說出了該詞彙的任一個字，也請記得給予稱讚。

2 加醬油

「接下來要做什麼？」

（停數拍，讓孩子思考過後再給予提示）「加醬油」

「接下來要做什麼？」

「加醬油」

（指著醬油容器）「這個是什麼？」

「醬油」（給予正確答案的提示）

「醬油」（若順利進行到此步驟即可繼續）

「沒錯！」

「再一次」「這個是什麼？」

「醬油」

「答對了！」

（從孩子背後引導動作，將醬油倒入裝雞蛋的容器中）「加醬油」（需注意「加」字的出現時間要配合「倒入」的動作）

「加醬油」

3 讓孩子嚐醬油的味道，攪拌

「醬油的味道是？」（停數拍，讓孩子思考）

「舔舔看」（讓孩子舔醬油）

「鹹」（孩子舔過醬油後替孩子說出感受）

「醬油的味道是？」

「鹹」（若順利進行到此步驟即可繼續）

「很鹹吧」

「接下來要做什麼？」（停數拍，讓孩子思考）

「攪拌」（給予正確答案的提示）（和孩子一起攪拌雞蛋的同時，再次說明）

「攪拌」

「攪拌」

實踐重點

日常生活中的語言互動

和孩子一起做料理 進階篇

煎蛋是非常簡單的料理，但在製作過程中也能進行各式各樣的語言互動。請盡情享受親子對話的樂趣吧！

和孩子進行語言互動時需注意是否能順利丟接球

若孩子已經對語言具備某種程度的了解，父母可以試著透過煎蛋步驟，與孩子進行較複雜的語言互動。左頁提供了2個範例。

初階是讓孩子重述父母的提示。進階版則能進一步到有丟接球的對話。在此階段，當孩子不知道答案時，請讓孩子直接回答：「不知道。」或者問其他人。

另外，即便答非所問，也請避免「不對」等直接否定的指導方式。請繼續進行問答，慢慢引導孩子至正確的答案。

實際上，進入這一階段之前，或許會經過許多挫折，但是在以不同切入點反覆進行問答的過程中，孩子的詞彙量與會話能力也會隨之提升。

料理也是教導數字概念極好的教材。與孩子愈來愈能夠流暢地進行對話後，就可以挑戰看看下面的對話：

「有3顆蛋喔。打了1顆（試著敲破）之後，剩下幾顆？」→減法

「1個人有3根香腸喔。我們有3個人，所以總共要拿幾根出來呢？」（和孩子一起一邊數一邊從袋中拿出）→加法、乘法。

「有8個漢堡排。4個人分，1個人可以吃幾個？」（試著分盤）→除法

另外，讓孩子嘗試秤量100 g砂糖、150 cc牛奶，也有助於孩子學習重量與容量。

小建議

利用料理卡和筆記提高孩子的學習能力

拍攝每個製作料理的步驟，製作成步驟卡。將卡片隨機排列後，再與孩子一起排列成正確的順序。如此便能在愉快的遊戲過程中記住料理的步驟與順序。或者也能讓孩子看著照片說明製作方法，若能誘導孩子依照步驟順序組織說明內容，就能培養孩子的說明能力與組織能力。準備料理卡，讓孩子回憶製作過程，動手記錄材料與步驟也是不錯的方法。

以不同角度發問，提升孩子的會話能力

會話例 1

「要打蛋喔！」「打……」
「蛋」
「接下來要做什麼？」
「…………」
「不知道的時候要？」
「不知道」
「那問媽媽接下來要做什麼」
「接下來要做什麼？」
「倒入醬油」
「倒入醬油」
「沒錯」「醬油味道怎麼樣？」
「……甜」
「舔舔看」（讓孩子舔醬油）
「怎麼樣？」
「鹹」
「答對了！醬油……」
「鹹」
「倒入醬油」
（讓孩子倒入醬油）
「接下來要做什麼？」（稍微暫停等孩子回答）
「要……」
「攪拌」

會話例 2

「要吃煎蛋的人~」（讓孩子舉手）
「一起來煎蛋吧！」
「好」
「做料理前應該要做什麼？」
「洗手」
「沒錯」（一起洗手）
「要在哪裡煎蛋呢？」
「廚房」（哼著耳熟能詳的料理節目主題曲，向廚房移動）
「煎蛋需要什麼？」
「蛋、……醬油」
「蛋在哪裡呢？」
「冰箱」
「答對了！」「要幾顆雞蛋？1個人1顆，共有3個人，所以？」
「3顆」
「沒錯！」「雞蛋是誰生的？」
「小雞」
「太可惜了」
「母雞」
「答對了~」「試著來打打看。接下來要做什麼呢？」
「打蛋」（讓孩子打蛋）
「太郎剛剛打破盤子了嗎？」（故意說錯刺激孩子的語言能力）
「才不是，是雞蛋」
「啊！是雞蛋啊～」「那麼，接下來呢？」
「倒入醬油」（和孩子一起倒入醬油）
「剛剛做了什麼？」
「倒入醬油」
「嗯嗯」「接下來呢？」
「攪拌」
「攪拌需要什麼？」
「筷子」
「答對了～」
（過程省略。把蛋汁倒入平底鍋中，等鍋內發出吱吱聲……）
「哇，看起來好好吃」
「看起來好好吃」
（最後以共同體驗詞彙結尾）

實踐重點

日常生活中的語言互動

用餐時的語言互動 1

歡樂的吃飯時間是進行語言互動的絕佳機會。即便只是讓孩子幫忙準備餐桌，也能進行各種互動。

您是否都只是默默的用餐呢？

在您爲家人準備餐點時，是否都是自己幫大家分完後，才叫孩子來吃飯呢？或者在吃飯時，也只能聽到您的挑剔呢？

其實用餐（包含準備部分）這件事中，有許多能進行語言互動的機會，千萬不要錯過。

首先可以用語言和動作提示誘導孩子幫忙準備餐桌。因爲「吃」能得到滿足感，所以孩子也比較會有想幫忙的動機。

先不要擅自替孩子決定，認定「這個孩子完全無法幫忙」、「自己做比較快」。請試著讓孩子幫忙，雖然一開始會比較花時間，但可以參考下面的範例幫孩子養成主

小建議

用餐時要笑著進行愉快的對話

用餐是動物求生最基本的活動。因此，請務必營造歡樂的氣氛，避免讓孩子感受壓力而討厭用餐時間。此處最重要的是父母的笑容。若父母感到煩躁，請立刻停止對孩子的教育訓練。

讓孩子幫忙準備餐桌，趁機教導用餐相關詞彙

這是什麼？叉子、叉子
來，給你叉子
拿到餐桌
放在餐桌上
餐桌

動幫忙的習慣。

先對孩子說：「吃飯囉～來幫媽媽一下」誘導孩子到廚房。指著叉子，確認孩子注意到叉子後說：「這是什麼？叉子、叉子」「來，給你叉子」並將叉子遞給孩子（若是對指示反應較遲鈍的孩子，父母可以先將叉子拿在手中，讓孩子注視手中的叉子後再進行對話）。

接著和孩子說：「拿到餐桌」並輕推孩子背部一起走向餐桌。自孩子背後輕敲餐桌，指示孩子：「放在餐桌上」、「餐桌」，同時用手輔助孩子一起將叉子置於餐桌上。

孩子將叉子放在餐桌後，記得和孩子說：「謝謝」、「接著我們把飯拿過來」，再一起移動到廚房。比照前面的方式，將盛入飯的飯碗拿到餐桌上。

當一切就緒，坐下準備開飯時詢問孩子：「開動前要說什麼？」停數拍之後再帶著孩子說：「我要開動了！」若是尚無法發話的孩子，只需要求模仿動作即可。

父母以會話和動作的方式給予孩子提示，引導孩子說出該詞彙或做出該動作，孩子就能明白幫忙父母會很開心，進而增加自信。

實踐重點

日常生活中的語言互動

用餐時的語言互動 2

要求語言是傳達要求與拒絕的重要語言。用餐時間可以有效引導孩子說出要求語言。

「給我」、「幫我拿」、「不要」等語言被稱爲要求語言。當孩子學會要求語言，就能發現只要主動表達就能將自己的需求傳達給對方，所以自發語言也會隨之增加。「吃」的慾望最能吸引孩子說出要求語言，因此最適合在用餐時間進行訓練。

訓練前，先將每道菜切成小塊，每道菜取一份放入小盤中，以方便反覆訓練。

❶引導孩子說出：「幫我拿」

等孩子的飢餓感緩和後，可以將裝入菜餚的盤子慢慢地移離孩子（務必要面帶微笑）。如果孩子想要拿香腸……。

「想要的時候？」「幫我拿」（同時做出幫我拿的動作）「幫我拿。」

若孩子沒有出聲，就從平常孩子會發出的「啊～」開始。此時父母可以先說「幫我拿」，之後再發出「啊～」的聲音並讓孩子模仿。若成功讓孩子模仿發音，父母

引導孩子說出：「幫我拿」的訣竅

教導「好(要)」與「不好(不要)」時，配合點頭與搖頭動作效果更佳

可以進一步表示「哇！你會說幫我拿了耶」「來，給你」並將盤子遞給孩子。

❷引導孩子說出：「嗯」

一開始與①一樣，笑著將盤子遠離。若孩子想要拿香腸……。

「想要香腸嗎？」「嗯」（替孩子說出內心的想法）此時父母需配合「嗯」的聲音誇張做出點頭動作（根據每個個案，有些孩子需要父母配合「嗯」的聲音，做出幾近鞠躬般的緩慢點頭動作才比較容易模仿）。

「想要的時候要說：『嗯』喔！」「嗯」（配合點頭動作，並等待孩子模仿點頭。此時若有人可以在孩子背後引導效果更佳）

❸引導孩子說出：「不好（不要）」

事先準備裝入孩子討厭的食物的小盤子（例如番茄等）。

首先，父母笑著用高興的語調「來，吃番茄」並將盤子遞到孩子面前。

在孩子轉過頭去瞬間，父母一邊搖頭一邊替孩子說「不要」，或是告知「不要的時候要說：『不要』喔」。

「不要」（示範搖頭動作，要求孩子模仿。或者配合「不要」的發言，請另一人在孩子背後引導孩子搖頭）

「喔！不喜歡番茄呀～」（或是「討厭番茄呀～」）然後收回裝番茄的小盤。

實踐重點

日常生活中的語言互動

用餐時的語言互動3

利用對「吃」的慾望，教導食物的名稱。結合要求語言訓練，拓展會話廣度。

說出食物名稱後即能進行具體要求

結合第126～127頁中介紹的要求語言，進行有關食物名稱的語言互動。本篇將介紹用餐時可進行的會話範例。利用對食物的慾望，可提高孩子的學習動機，順利教導孩子相關語言。

當孩子學會食物名稱後，即可做出較具體的要求：「幫我拿○○」、「我不要○○」，如此便能拓展親子間話題的廣度。若孩子還無法說出要求語言，可以依靠動作和食物名稱傳達自己最低限度的要求。

❶故意將孩子喜歡的菜餚移至遠處

頻繁地將裝入菜餚的盤子從孩子面前移至遠處（必須笑著進行）。當孩子想要拿取遠方的香腸時，就是教導孩子食物名稱的最佳時機。（指著香腸）重複：「這是什麼？香腸」、「香腸」。

因為孩子有吃的慾望，所以會將注意力集中在香腸上。掌握此刻時機「來，給你香腸」。孩子將香腸放入口中時，替孩

讓孩子選擇，訓練孩子獨立思考的能力

子說出「好吃」、「香腸好吃」（傳達共同的感受）。

❷讓孩子選擇「要哪個？」

（兩手分別拿香腸和優格）「香腸？優格？要哪個？」

「香腸？」（舉起香腸的盤子，拿遠優格）「優格？」（舉起優格的碗，拿遠香腸）「要選哪個？」

當孩子將手伸向香腸時，即可替孩子說出想法「我想吃香腸」

「好喔！來，給你香腸」。

選擇是培養孩子獨立思考能力的基礎練習。但某些孩子有選擇困難症，此時父母就必須在選項上做變化。例如挑選孩子有點喜歡的優格和超喜歡的香腸讓孩子選。

香腸？優格？要哪個？
香腸？
優格？
要選哪個？
我想吃香腸！

⚠ 注意事項

用餐中的教育訓練，需避免孩子產生反感

在進行要求語言與食物名稱的教育訓練時，需在孩子食慾已經得到緩解後再進行。空腹時對食物的慾望太強，無法達到訓練的目的。

再者，若孩子有反感情緒，也請避免過度練習，因為過度勉強孩子，只會讓孩子對用餐產生反感。

實踐重點

日常生活中的語言互動

用餐時的語言互動4

裝傻讓孩子說出要求語言也是一種辦法。享受親子間的對話，用各種方法拓展會話廣度吧！

引導孩子說出要求語言的各種方法

若孩子已經擁有些許會話能力，可以嘗試下面介紹的要求語言訓練範例。

準備餐桌時，故意忘記孩子的湯匙。

「開動了」（觀察開始用餐的孩子，等待孩子說出要求語言）

「……」「怎麼了?」

（若孩子一臉困惑卻沒有發話，請笑著詢問孩子）

「想要湯匙的時候，要說什麼?」（停數拍，讓孩子思考）「湯……」（若孩子沒有回答，可提示首字）「幫我拿湯匙」

若孩子因為沒有自己的湯匙鬧情緒，請笑著道歉：「對不起～。媽媽忘了～」當孩子冷靜後，再告知孩子「想要湯匙時，要說：『幫我拿湯匙』喔！」並進一步引導孩子「幫我拿湯匙」，等孩子說出「幫我拿湯匙」後再將湯匙遞給孩子。

若孩子已經能順利進行對話，建議前往有丟接球對話的階段。

進行容易丟接球的語言互動

小建議

對過度模仿的孩子，可使用此方法

若孩子有過度模仿的習慣，在「想要湯匙，要說什麼？」時可能會直接完全複製父母說話的內容「想要湯匙，要說什麼？」

一般在進行此語言訓練時，都會停頓數拍讓孩子自己思考。但是，對過度模仿的孩子必須在詢問後立即以誇張的方式，大聲說出正確答案「幫我拿湯匙。」避免給予孩子模仿問句的時間，並要求孩子重述答案即可「幫我拿湯匙」。

或是繪製含對話框的圖案，以視覺刺激的方式傳達給孩子。iPad和電腦中有許多可在照片上加入對話框的功能（軟體），建議可以利用這些軟體製作原創會話集。

（一邊吃著咖哩飯）「焗烤好好吃～」「不對啦，是咖哩飯」「啊！對耶～」「這是什麼？」（用湯匙挖起優格讓孩子看）「優格」「好厲害！答對了～」

「那～咖哩飯裡面有什麼？」「有肉、馬鈴薯、洋蔥」（若孩子有幫忙，記憶更鮮明）「全部答對！」

除了上述問答式的對話範例之外，其實最終目標是讓孩子說出自己的經歷與體驗，例如在幼稚園玩過的遊戲、學校中餐如何、上次親子出遊時的感受等話題。餐桌是最能放鬆、最適合進行溝通的地方。請在一天當中，只要一次，將電視關掉數十分鐘，享受餐桌上的親子溝通時間吧！

遊戲中的語言互動①

孩子最愛的尋寶遊戲。除了可在愉快的遊戲過程中提升共享注意力，還能學習位置與場所的相關詞彙。

讓孩子意識到位置與場所的語言互動

第67頁中介紹的尋寶遊戲能有效提升孩子共享注意力，同時也是教導孩子位置與場所相關詞彙的良好教材。

首先，先在室內數處分別放置人偶、箱子、抱枕等較具明顯特徵的物品，再將零食和玩具等目標物藏於附近。之後就能進行「人偶的旁邊、前面、後面」或是「抱枕的上面、下面」等指示位置的對話。

準備完成即可參考下面範例進行對話，並與孩子一起尋寶。

「開始尋寶囉！」（一起前往藏著寶物的房間）

「零食在哪裡啊？」「媽媽知道喔！」

「問媽媽～」（指著自己，用手勢促使孩子問自己）

「在哪裡？」（提示孩子發言內容）「在哪裡？」「抱枕下面」（孩子找到抱枕下面的零食）

「有了！」「在哪裡？」

「抱枕的……？」「下面」

「沒錯，在抱枕的下面」

和孩子一起尋寶，同時與孩子進行語言互動

「還有喔！」（用手勢促使孩子問自己）「在哪裡？」「在洗臉台喔！」「洗臉台在哪？洗臉台在哪？」（一邊進行對話，一邊移動到洗臉台，找到後指著零食……）

「啊，零食……」「在這」（孩子拿零食）「零食在哪？」「洗臉台的……？」「上面」

另外，也可以和孩子一起藏寶藏，再讓其他兄弟姊妹來找。藏好寶藏後，可以進行以下的對話。

「藏在哪裡了？」（停數拍讓孩子自己思考）「抱枕的下面」（提示孩子發言內容）「抱枕的……」「下面」「沒錯，再告訴媽媽一次。藏在哪裡了？」「抱枕的下面」

除此之外，也可在以下情況中，對孩子做認識位置的機會教育。

例如，孩子在騎腳踏車或是乘坐公園遊樂設施時，可以詢問孩子：「坐前面？」「坐後面？」「要選前面還是後面？」下午茶時間則可以事先將零食分成2盒並上下重疊，再詢問孩子：「上面的盒子？」「下面的盒子？」「要選上面還是下面的盒子？」等問題。

實踐重點

日常生活中的語言互動

遊戲中的語言互動②

本篇將介紹可以引導孩子發出要求語言的尋寶遊戲，以及形容詞教學遊戲。用聲音表達形容詞，孩子更容易理解。

用位置詞彙表達要求

等孩子理解位置詞彙後，可以設法讓孩子使用詞彙表達自己的要求。

比照尋寶遊戲，先將孩子喜歡的玩具或食物（本篇以我兒子最喜歡的香蕉舉例）放在架上等孩子拿不到的地方。

「欸？」指著香蕉「有香蕉耶！」讓孩子注意到香蕉。接著以手勢提示孩子說出要求語言「上面」。下一步將孩子往上抱起至途中後停止（尚不能拿到香蕉的高度），讓孩子說出「（在）往上」後才繼續往上舉。等孩子拿到香蕉後詢問「接下來要去哪裡？」讓孩子說出「下面」，回

小建議

搔癢遊戲，記住身體部位詞彙

藉由第58頁中介紹的搔癢遊戲，可讓孩子在遊戲過程中記住身體部位的名稱和位置。除了詢問「〇〇在哪？」之外，也很推薦提出「鼻子下面有什麼？」「臉的左右兩邊有什麼？」等問題。

藉由比較遊戲理解形容詞

應孩子「下去囉！」再將孩子放下。

另一個遊戲則要藉由比較讓孩子體驗程度變化的過程，進而理解形容詞。讓孩子實際上看見程度的差別，就能順利理解「大」、「小」等抽象概念。

建議與反義詞組成一組同時教授

❶「大」「小」

●**聲音遊戲**　將音響或收音機的音量慢慢轉大「聲音變大了。大、大」（說話聲也漸漸變大）「聲音，大聲！」「聲音……」「大聲」。

接著將音量慢慢轉小「聲音變小了。小、小」（說話聲也漸漸變小）「聲音……」「小」。

●**圖畫遊戲**　在素描簿上繪製蘋果，一頁一顆，由大漸小。先讓孩子看最大的蘋果，同時自己搭配音效「變小了、變小了、愈來愈小了～」一邊往後翻，一邊慢慢降低音量。翻至最後一頁時「變小了」「小」「蘋果怎麼樣？」「小」。

接下來可逆向操作，由小蘋果頁翻至大蘋果頁。

●**「要選哪個？」**　取大小不同的零食，分別拿於左右手「大的，小的，要選哪個？」「大的」。

接著將孩子不喜歡吃的食物切成大塊與小塊兩種，分裝在兩個盤子中再讓孩子自己選擇。此時孩子應該會回答「小的」。

❷「長」「短」

●**鏈子遊戲**　在透明玻璃瓶中放入2條長短不同的鏈子。抽出長鏈時，配合拉長聲音：「長～」。若是短鏈，發音也簡潔俐落：「短！」避免發出尾音。

●**剪紙遊戲**　準備2張長約30cm的細長條紙張。「一起來剪短」並用剪刀慢慢剪短其中一張紙。剪前提示孩子「長～」，剪短後再給予提示「變短了！」接著再次和孩子說「我們再剪短一點」，反覆該動作慢慢將紙條剪短。途中隨時都可以和另一張紙條進行比較「這張比較長，對吧～」

●**接軌道遊戲**　在連接玩具火車軌道時，先和孩子說「我們來把軌道變長吧！」之後，每接長一節就指著軌道詢問「怎麼樣了？」「變長～了～」「變長～了～」

我的失敗經驗4

兒子只會鸚鵡學舌

在接觸ABA之前，我想盡辦法試圖將各種詞彙輸進總是不發一語的兒子腦中。

例如，我會讓孩子觸碰葉片，同時反覆：「葉子、葉子」。那時，只要是拿到手中的東西，都會讓孩子重述。

但這樣的語言互動，造成兒子養成鸚鵡學舌的習慣。兒子誤認爲，只要重述父母的話就對了。

「想睡嗎？」「想睡嗎？」「不想睡嗎？」「不想睡嗎？」「是哪個？」「是哪個？」……有時候我也會感到照這樣下去，或許這孩子一輩子都無法與別人溝通。

從這個反省中，我深痛地體悟到，即使孩子還無法發話，也要讓他習慣疑問句。

因爲會話是由「問」、「答」構成。所以父母在一開始就要儘可能對孩子使用「這是什麼？」、「怎麼了？」、「○○在哪？」、「怎麼辦？」、「想要什麼？」、「接下來要做什麼？」等疑問句。同時，爲了避免養成孩子鸚鵡學舌的習慣，父母可在提示問題答案（自言自語式提示）之前停個數拍，讓孩子自己思考。

至於已經有鸚鵡學舌習慣的孩子，處理辦法請參考第131頁。

其實，典型發展兒童也會經歷鸚鵡學舌的過程，等到能夠自然與人對話之後便會自然消失。但是自閉症兒必須花很長的時間才能脫離這段過程，而且若父母用錯方法也會造成孩子難以改掉此習慣，所以必須特別注意。

第 8 章

7大關鍵，讓您持續不間斷

實踐重點

持續ABA的關鍵

① 訂定長期目標
② 培養孩子的自我肯定感

若想持續進行ABA，首先必須訂定長期目標與培養孩子的自我肯定感。具體上該怎麼辦呢？

想像孩子未來的模樣，並具體寫下

1年後
每天都快快樂樂地上幼稚園
5年後
上了小學，和好朋友一起快樂地玩耍
成人後
找到適合自己的工作，每天快快樂樂地工作

❶ 訂定長期目標

儘管持續不懈地進行機會利用ABA語言互動，也不一定會有效果。因此有些家長會擔心「這樣下去對嗎？」「這孩子以後該怎麼辦」。

建議先具體寫下您希望孩子如何成長。1年後、5年後……，儘可能將視野放遠，甚至您希望孩子成年成爲什麼樣的人，都需具體地寫下。

您的筆記就是您孩子的成長目標。在腦中勾勒出孩子未來的模樣，並以積極的態度與孩子進行互動。

❷ 培養孩子的自我肯定感

找到孩子擅長與喜歡的事物，例如很會畫畫或唱歌，或者是寫得一手好字、很會摺紙等等，並刻意發展孩子該項能力。當孩子對自己的某個能力感到自信時，自我肯定感便自然提升，遇到困難時也能正

「謝謝」是培養孩子自我肯定感的魔法語言

可以讓孩子幫忙的事項

- 曬衣服。把衣物一件一件遞給父母
- 曬衣服（從1雙襪子開始）
- 把乾的衣服從曬衣夾上取下
- 將曬乾的衣服分類（例如把褲子和襪子分開，或是把爸爸的褲子和媽媽的褲子分開等）
- 摺手帕
- 吃飯前，準備用餐人數餐具（從較安全的筷子和湯匙開始，習慣後再進一步到茶杯與盤子等）
- 將餐具拿至餐桌上
- 給植物澆水（親子一起進行，給孩子使用小型兒童用澆花器）
- 購物時將物品放進籃子
- 從信箱拿取報紙（習慣後可當成每天的例行公事）

面以對。

另一個有效培養孩子自我肯定感的方法是讓孩子幫忙。

例如，禮貌地請孩子幫忙：「請幫我丟這張紙」，待孩子丟掉紙後，請笑著謝謝孩子：「謝謝，媽媽好高興喔」。「謝謝」是讓孩子擁有自我肯定感的魔法語言。這句話能讓孩子感受到：「我幫上忙了」。

幫忙是人際關係的第一步。同時也與培養社會性、未來的自立能力、工作能力與工作態度等有關。

在我進行療育諮商的家庭，原本媽媽認爲孩子無法幫忙準備餐桌，但在嘗試提示與引導之下，立即能獨立作業了。媽媽對意料之外的結果也感到很驚訝。對孩子說：「謝謝」之後，孩子露出非常高興的表情。所以請不要擅自認爲「這個孩子不可能」，凡事都必須先嘗試。

我在上方列出了幾項可以讓孩子幫忙的事。互動時需循序漸進，從小目標開始慢慢遞增才能成功。以曬衣服爲例，一開始可在小籃中放入1～2雙的襪子，請孩子將襪子晾起來。

請孩子做事時，請記得保持微笑並用禮貌的語氣請孩子幫忙：「如果幫媽媽的忙，媽媽會很高興」「拜託～」等。同時也請避免一邊責備一邊要求孩子什麼都做。

實踐重點

持續ABA的關鍵

③經驗就是寶！百聞不如一見

學習語言必須擁有各種經驗。等孩子習慣之後，可以讓孩子試著挑戰與店員對話。

父母需將感受以語言傳達給孩子

從店裡走到室外時
好熱
外面好熱
外面？
好熱
沒錯！
再一次。
外面？
好熱

③經驗就是寶！百聞不如一見

一開始在進行單字記憶練習時，使用孩子較有興趣的圖卡最有效。但也必須利用周遭事物和經驗來教導孩子詞彙，方便孩子運用在日常生活中。

給孩子看「鉛筆」圖卡後，讓孩子實際用鉛筆寫字或畫畫。若使用「製作料理」的動詞圖卡，即可利用第121頁中的方法與孩子一起製作煎蛋。重點在於儘可能讓孩子擁有與圖卡詞彙相關的經驗。

藉由身體上的經驗，刺激孩子的五感與大腦以留下印象，孩子就較容易記住該詞彙。

在刺激五感面上，除了室內遊戲之外，戶外遊戲與散步經驗也非常重要。此時家長必須將自己的感受以語言的方式傳達給孩子。

例如：「花好漂亮」、「夕陽好美」，同時看著孩子的臉，讓孩子養成共享注意、分享共同感受的習慣。

例如，夏天從有空調的室內到

重視孩子與家人之外人士的接觸經驗

室外後，可試著與孩子進行右頁漫畫中的對話。

「熱」、「冷」等感覺詞彙較簡單，可以和其他相關詞彙結合。以下是結合季節詞彙的範例：

「夏天熱」「夏天？」「熱」「答對了！」「現在是什麼季節？」「夏天」（提示答案）「現在是什麼季節？」「夏天」

若孩子能順利地進行對話，可以嘗試讓孩子與速食店店員進行對話（左側漫畫）。家長可在孩子耳邊提示發言內容後，再讓孩子傳達給店員。

若孩子順利完成，請給予稱讚：「順利點完餐了耶，好厲害喔！」若能事先在家中玩商店扮家家酒，練習與店員的對話，孩子能更從容、更不緊張。

小建議

輸也是很重要的經驗

有些孩子在遊戲過程遇到快輸了的時候，會開始大哭，或是放棄遊戲。但是人在成長過程中，必須藉由不斷累積輸的經驗來學會控制情緒。所以必須教導孩子堅持到最後、不中途逃避的態度。父母可在遊戲前後鼓勵孩子：「即使快輸也要堅持到最後喔。」「雖然輸了很不甘心，但我們下次還是要努力喔！」

實踐重點

持續ABA的關鍵

❹善用療育機構 ❺夫妻協力進行療育

當親子間的互動狀況不佳，或是夫妻間對療育的意見分歧，該如何處理？

療育機構能給您專業的支援

❹善用療育機構

我曾因爲在ABA互動中遇到障礙，而求助療育機構。

那時，我到療育機構觀摩專業人士的治療方法，才發現無法順利與孩子互動的原因是我方法錯誤，而不是孩子的問題。

所以，當互動遇到障礙或是有任何疑問時，又或者是因爲一開始無法順利適應，我都非常建議借助ABA療育機構的力量，觀摩專業人士的治療方法。

雖然療育機構比父母更能客觀地分析課題，也更能集中對孩子進行治療，但費用相當高。所以在開始進行療育之前，必須仔細確認療育的內容、期間與費用等。

等療育開始之後，父母必須親自確認現場內容。若孩子的療育需與父母隔離，可以和機構協商錄影。以事後參考療育過程中提示的時機、稱讚的方法，以及與孩子接觸的方式等。

另外，若對內容感到疑惑，必須直接與機構商量。雖然是拜託療育機構，但也不能全權交付機構處理，家庭的配合與追蹤也相當重要。只要善用療育機構，機構就能成爲您強力的後盾。

❺夫妻協力進行療育

我先生雖然能夠理解ABA的思考方式，但做法卻是「照自己的想法走」。當先生知道兒子有障礙時，便下定決心要嚴厲管教兒子，以免孩子將來無法自立。那時，兒

善用醫療機構的重點

- ☑ 療育不順利，可以學習療育機構做法
- ☑ 事先確認費用、期間與療程內容
- ☑ 療程開始後，親自確認內容(若與父母隔離，建議向機構商量事後觀看錄影畫面)
- ☑ 為了更高品質的療育，當對療程內容有任何疑惑，需明確傳達給機構
- ☑ 不可只依賴療育機構，在家也要進行療育

不知如何是好時，需要夫妻一起商量對策

子非常害怕嚴厲的父親，一天到晚擔心「爸爸是不是又要生氣了」。

雖然我覺得先生的做法有點不妥，但和他建議：「要再多給兒子一點稱讚」，居然向我生氣：「總是對我的教法有意見」。因此我就切換成加倍稱讚的模式，將先生應該給予的讚美也都一起給予孩子。結果，先生也漸漸學會稱讚孩子。

當夫妻在孩子療育上意見分歧，就必須努力達成共識。另外，有任何事想對另一伴溝通時，請避免孩子在場。並且溝通時需避免強迫對方接受自己的意見，建議以提案或商量的語氣：「我想試試看○○，你覺得如何？」「如果要○○的話，你覺得怎麼做比較好？」等，如此對方較容易接受，也比較能冷靜地對話。

當遇到任何障礙時，請直接將自己的苦惱傳達給另一半知道。有時對方或許能幫你找到意想不到的解決方法。同時，對方在聽您說話時，也請不要忘記感謝對方。若是覺得害羞說不出口，建議可以用簡訊傳達。

❻記得關心其他兄弟姊妹 ❼活用記錄簿

您是否因為將心力都放在遲緩兒療育上，而疏忽了其他兄弟姊妹的感受了呢？請不要忘了關心其他兄弟姊妹。

將自己的愛讓其他兄弟姊妹知道

❻請記得關心其他兄弟姊妹

我在某本書中看到有位母親因爲專注在自閉症弟弟的療育上，某天哥哥突然告白：「如果我也有自閉症就好了……」聽到這句話時，那位母親感到非常震驚。因此我了解到適時對其他兄弟姊妹表達自己的關愛感情是件非常重要的事。

孩子因為寂寞產生問題行為，請用抱緊處理取代斥責

通常，當孩子有個發展遲緩的兄弟姊妹時，不是會體貼理解、凡事忍耐，要不然就是會做出反抗行爲，宣洩自己得不到關愛的寂寞。

若孩子出現負面行爲，記得抱住孩子摸摸頭：「媽媽知道，〇〇其實是個好孩子喔」、「對不起，讓〇〇感到寂寞了。媽媽非常喜歡〇〇喔！」若能在每天早上、孩子從幼稚園或學校回到家中時、睡前都能如此安撫孩子，孩子的心情也能獲得平復。

另外，若孩子知道隱忍，家長大概只會稱讚：「我家有個懂事的孩子，眞是幫了大忙」而怠慢了對孩子表達關愛。但是，小時候得不到關愛，有時會轉化成青春期對父母的反抗，所以請務必找時間與平日都在忍讓的孩子單獨相處。例如：「不要和

小建議

藉由與兄弟姊妹相處學會忍耐

例如，有發展遲緩的妹妹搶了姊姊正在玩的玩具。在此情況下，家長經常會因為擔心指責妹妹，妹妹會出現負面行為，所以就勸姊姊讓給妹妹。但允許妹妹搶玩具，只會強化負面行為。

為了讓孩子在未來能融入社會，成為受衆人喜愛的人，從小就要教導孩子忍耐，不是任何事情都能順自己的心意。所以在此情況下，父母必須教導孩子禮讓或是拜託對方：「姊姊正在玩，要等姊姊玩完喔！」「要說：『借我』喔！」

利用記錄簿讓第三者稱讚孩子

○○說喔，這是我們的祕密」然後一起到外面吃聖誕百匯等等。要讓孩子知道「自己也是個重要的存在」。

很多發展遲緩兒不喜歡與其他兄弟姊妹互動，但是需儘量想辦法讓孩子與其他兄弟姊妹一起玩耍。雖然有時必須花數個月才會出現成效。

❼ 利用記錄簿

我不斷重複強調稱讚教育的重要性，但要如何讓孩子能得到家人之外的稱讚？這邊推薦利用記錄簿。兒子空幼稚園時期，我也曾使用過此方法。

準備一本能放入幼稚園書包內的小筆記本，並用上圖所示的方法將孩子的努力經歷與事蹟列出來。

每天早上我就拿著這本筆記給我先生看，回娘家時就拿給我爸媽看，讓他們稱讚兒子：「你學會○○了耶！好厲害喔～」同時也拜託幼稚園老師：「只要看筆記，給予一些稱讚就好」。

利用記錄簿能讓孩子得到家人之外，也就是第三者的稱讚。藉此，孩子的自我肯定感就會自然又加深。同時家長也會間接覺得自己的努力得到認同、讚賞，家長因此也變得更有自信，可謂是一石二鳥。

記錄簿的記錄範例

10月5日	努力吃了討厭的青椒。
10月20日	第一次自己扣了制服最上面的釦子。
11月1日	主動詢問：「爸爸的飯要多少？」幫大家盛好飯。在這之前，還練習過好幾次怎麼問爸爸和盛飯。
11月6日	當弟弟不好好坐著吃飯，到處走來走去的時候，主動對弟弟說：「啊～」，餵弟弟吃飯。在這之前也練習過好幾次。
11月8日	買了新鞋子。1年前買鞋子的時候，因為感到恐慌而大哭。這次沒有哭，很成功地完成買鞋子的工作了。長大了呢！
11月20日	昨天不用媽媽陪就能自己一個人睡了。今天早上還要求：「我可以自己睡了，要寫在筆記上喔。」所以記下來了。

第9章

致與療育奮戰中的您

逃脫負面思考漩渦

前面章節內，我儘可能具體、詳盡地整理出了我在日常生活中對兒子空實踐的機會利用ＡＢＡ語言互動法以及與孩子的接觸方法。

此章中，我將會舉出我在兒子療育過程中，以及目前擔任療育諮詢師與各家親子接觸過程中的失敗經驗，給同樣正在與孩子療育奮鬥，或者正準備開始對孩子進行療育的讀者一些個人的建議。

父母的負面情緒一定會傳達給孩子

我曾經有段時期會對無法控制的大兒子空感到焦躁，產生被害者情節：「如果空是個乖孩子，我就不用生氣了…」

但是，只要開始產生這種負面思考，就容易招致更多的負面思考，也就是陷入「負面思考漩渦」。一旦陷入，就很難脫離。

當父母對孩子持有否定情感時，孩子一定能感受到。

ＡＢＡ最基本的思考方式即爲「人的行爲是與環境（包含周圍人的行爲）相互作用而形成的」。意即自己的行動有可能引起對方的不適當行爲。所以當孩子產生焦躁，必須回頭確認是否原因在於自己的態度，所以才讓孩子感到焦躁。

我非常同意這個想法，只要改變自己的視角，就能脫離負面思考漩渦。

養成客觀分析孩子行為的習慣

第2章的ＡＢＣ分析中，建議若希望對方改變，首先必須改變自己的行爲。藉由改變對方行爲的「前因」與行動後的「後果」，就能提高對方改變行動的可能性。

所以，從現在開始培養客觀地用ＡＢＣ分析法分析孩子行爲的習慣吧！雖然我也曾經在孩子反覆出現不適當行爲時大聲怒吼責罵。但是，無論我怎麼生氣，問題都沒有解決。所以首要必須先觀察在什麼樣的情況下才引發了孩子不適當的行爲，並想出對策。

雖然我在第6章中提出處理孩子問題行爲的具體方法，但有時也並非立竿見影。此時需理解「這是遲緩的特性」，並相信「總有一天能成功」耐心守護著孩子。

不過，即便了解要以客觀視角冷靜處理，但有時還是會不小心對孩子暴怒。這時必須盡早，最晚也要在當天睡前簡單地道歉：「媽媽對你生氣了，對不起～」並給孩子讀喜歡的繪本或是玩搔癢遊戲（第58頁）來測量孩子接受肢體接觸的程度，努力讓親子都能以笑容結束每一天，如此便能用美好的心情迎接下一個早晨。

重視當下

在面對同一個狀況時，只要改變視角就會擁有完全不同的解讀方法。例如面對孩子性格上的缺陷，可以用不同角度切入：頑固→意志堅強、不安靜→好奇心旺盛、易怒→感情豐富、反抗→有自己的想法。

同時避免只看孩子負面的部分「不會○○」、「不喜歡○○」，多看孩子正面的部分「笑容很可愛」、「超有精神，吃得很香」等，如此就能減少焦躁的次數。

除了對孩子行爲的焦躁之外，一旦開始覺得前途渺茫、感到不安，就容易引來更多的不安，變得容易陷入負面思考漩渦之中。擔心未來是否發生也沒用，所以不如專心在當下吧！

保持微笑

若是不由自主地跑出負面思考時，請大聲宣布：「好！結束。」阻斷自己的負面思考。或者也能客觀接受自己「我對未來的○○感到不安了」的「我感到不安了」的情緒。但事實上，那份不安也還尚未發生。

接著是養成著眼於好事的習慣。每天，無論是多麼微小的事情，只要能從中找到樂趣並感謝這些事情的發生，就能將負面思考轉變成正面思考。

若依舊容易陷入負面思考，請試著將嘴角上揚、保持微笑。有時實際動手做做看，反而會覺得心情漸漸變得開朗。

每天早上睜開眼時，我都會讓自己嘴角上揚，在心中唱著「啊啊，我今天也活著。感謝我有呼吸、我有床鋪、我有家、我有飯吃。好感謝～好感謝～」用此來開啓一天的生活。

養成對小事的感謝與老王賣瓜的習慣

推崇「謙讓美德」的日本，應該有很多人對稱讚自己感到抵抗，但有時候自我誇獎也相當重要。

非常不擅長做家事的我，在每次起身準備曬衣服，或是曬的過程中，或是完成後都會稱讚自己：「我做得眞好」來強化自己做家事的行爲。

因爲主婦的工作經常無法得到他人的稱讚，所以我就開始想至少自己也要稱讚自己。平常即使我很努力打掃，先生也都不會發現；最近我開始會對先生展現自己的努力：「你看，我把○○掃乾淨囉！」讓先生稱讚我。得到他人的認同就會感到高興，自我肯定感也隨之提升。

擁有發展遲緩兒的父母很容易陷入負面思考漩渦中，所以請務必養成自我誇讚與尋找、感謝每天小確幸的習慣。只要養成任何事都能稱讚自己的習慣，也就會習慣稱讚孩子，孩子的笑容也會增加。藉由改變自己的行爲，周遭的人也會產生變化。

改變行爲不用立刻達到百分之百，只要比起昨天有一點點的改變，或是有努力試著改變，在此過程中也請記得稱讚自己：「我眞是太努力了！」

有時候語言會傷人，相對地語言也能讓自己和對方感到幸福。所以請記得平日提醒自己無論在任何場面，都要使用肯定的詞彙。

當感覺不喜歡孩子時……

我曾經有段時期覺得自己「無法喜歡空」。

因爲一直忙於處理孩子的不適當行爲，無法打從心裡覺得「眞的很喜歡空」，但卻對自己有這種情緒覺得罪惡感，所以也一直譴責自己。不過，譴責自己只會讓自己愈來愈無法愛孩子……我想應該也有人會陷入這種不良循環中吧。這也是陷入負面思考漩渦的一種。

建議當您覺得無法喜愛自己孩子時，即便是勉強也請您用力抱緊孩子並說出：「最喜歡○○了」。但若是孩子在哭鬧，必須先等孩子平靜下來後再給予擁抱。有時候，藉由肢體接觸與語言的力量，能慢慢產生「喜歡」的感覺。

原本就是因爲疼愛自己的孩子、對孩子有愛的感覺，所以才會在意孩子的行爲，才會覺得煩惱。我想，只要能跨越這段考驗，一定能夠回到「最喜歡」的感覺。

當療育過程中遇到障礙，可以先暫停學習、讓彼此慢下來。利用這段時間陪孩子在棉被上玩搔癢遊戲等，藉由身體遊戲，讓孩子重新綻放笑容。當父母看到孩子的笑容，就會感到無限的安慰。即使正在煩惱自己無法愛孩子，看到孩子的笑容也會不禁想起：「沒錯！我就是喜歡這個笑容」吧。

孩子的臉上有笑容嗎？孩子笑容的理由就是您。

孩子遭受霸凌時該如何應對？

現在學校的霸凌問題愈來愈嚴重。兒子空在小學1年級時也曾經遭受霸凌。某位C同學在暑假之前對空都很溫柔，但暑假過後，卻不斷在空的耳邊小聲威脅空：「去死吧！」而且持續了數週。

看著空愈來愈沒精神，常常嚷著：「不想去學校」的模樣，每天都很擔心「是不是發生什麼事了」。某天晚上，或許是因為空和我一起躺在床上聊天聊到放鬆了，所以就放開心告訴我被霸凌的事：「為什麼C要對空說：『去死』呢？」

當時我內心非常震驚，但為了讓空安心，所以告訴空：「不要怕，媽媽會保護空！明天早上媽媽去和老師說。空很難過吧，謝謝你和媽媽說。」

隔天我立刻到學校去和老師反應這件事，班導師確認事實後便教訓了C。

當時我和育兒講座的講師也討論過此事，講師非常肯定我的處理方法：「對應得很好！這樣子，空應該會覺得很安心，因為『無論發生什麼事，媽媽都會保護我』」。

觀察孩子的變化，必要時父母需伸出援手

在那之後不再有語言上的霸凌，但還有輕捏輕抓的行為。因此，我警告C：「下次再欺負空就和你媽媽說」自此之後，C在短暫期間內完全停止了霸凌行為。

不過我並沒有單方面責罵C，同時我也問C：「你覺得被欺負的空會覺得怎麼樣呢？我覺得空會非常難過喔！」讓霸凌方思考被霸凌方的心情，孩子多少都會有些感

觸，較不會產生反抗心。

若是孩子擁有自行處理朋友、兄弟姊妹間爭吵的能力是最理想，但有些孩子就是無法說「不」，無法表達自己的意思，或者不會回嘴（還手）。

朋友兒子因爲學校暴力霸凌，身上總是布滿了瘀青。雖然朋友鼓勵孩子：「你就打回去。」但聽說孩子似乎依舊無法還手，還甚至說謊：「打回去之後就不再被欺負了，現在已經變好朋友了」。但實際上在學校還是繼續被霸凌。

所以，有時候讓孩子自己去解決，反而會給孩子更大的負擔。

成為能勇敢說「不」的孩子

回到我兒子的話題。C的霸凌情形雖然暫時停止，但經過2年之後又開始了。這是在空和弟弟陸與C一起玩耍時發生的事。一直都很溫柔的C突然命令空：「你對陸說：『陸是笨蛋』！」

因爲空不會拒絕，所以就照著C的指示罵了弟弟。回到家，空對我坦承：「我罵陸是笨蛋，覺得很對不起陸」，而且還告訴我C在馬路上寫了「空，去死吧！」。我當時也暫且告訴空：「明天媽媽去跟C說」讓空安心。

但是當我冷靜思考之後，我不禁煩惱「總是由父母出面解決，對這孩子好嗎？」在面對不喜歡的事時，有時候必須由自己說「不」。因此我換了想法「現在的空應該能正確地表達自己的意思」，隔天我與空就有了以下的對話：

「如果C叫你：『殺了陸』你會殺了陸嗎？」

「我不要！」

「嗯嗯。但是，媽媽無法永遠保護你喔。所以要學著自己想辦法處理喔！昨天你和媽媽說的話，媽媽就當沒聽到。下次如果C再說什麼討厭的話，就試著告訴他：『我不要！』如果發不出聲音就試著搖頭看看。」

「我做不到……會被整得更慘。」

「到那時媽媽再好好修理C，沒問題的！先試試看，空的話一定能辦到！」

空輕輕地點了點頭。爲了提升空的行動力，我便允諾空要幫他實現一直以來的願望：「如果空能對C說：『我不要！』我就帶空去旅行。」這就是第94～95頁中，藉由提示獎賞以促進孩子實行的方法。

除此之外，我也特意扮成C與空反覆練習如何和C說不與搖頭。

稱讚霸凌方孩子，提升孩子的自我肯定感

2週後，空從學校回來，告訴我要和C與另一位朋友D約好去玩便出門了。我在空出門前再三叮嚀，若有不願意的事就要勇敢說不。

三個孩子開始玩沒多久，D就命令空：「去偷（某附近住戶種的）苦瓜」，據說空成功地搖頭拒絕了。而且拒絕後對方也沒有進一步的欺負，甚至空還向我報告：「我們玩了鬼抓人，很好玩。」

聽到後，我抱緊了空拚了命地稱讚：「空敢說不（搖頭）了耶！眞是太棒了，好勇敢！不愧是空！太好了，媽媽要帶空去旅行！」

雖然表面的霸凌消失，好不容易能鬆一口氣，但事實上C還是會經常說一些令人不悅的話。我又再度煩惱起來，我應該要直接教訓C（當然，若是當場聽到會直接訓話）呢？還是和C的媽媽說明事實原委呢？在尋求各方意見的過程中，育兒講座的講師回我：「您打算幫孩子做個柵欄，好保護孩子一輩子嗎？」聽到這句話，我終於有了定見。

我告訴我自己：「現在的空肯定沒問題，緊急的時候就由媽媽我出手相救。」並決定暫時觀察空的樣子。

不過，換個角度想，C也算是來磨鍊我兒子不可或缺的角色。當我改變想法後，每天早上都會和與兒子一起走路上學的C說：「如果空有遇到什麼事，能不能請你幫他呢？拜託你囉！」不知是否C因爲自己被認可，對自己的自我肯定感提升，所以對空的發言也開始產生變化，最後兩人感情比過去更好，幾乎每天都玩在一起。

受到霸凌並非可恥的事

現在有很多孩子因爲遭受嚴重霸凌而自殺身亡。而且，在這個時代裡「去死吧！」、「不○○就殺了你」等威脅話語，似乎都非常稀鬆平常。有些孩子會因爲覺得遭受霸凌很羞恥，又不想讓父母擔心，所以閉口不言。但其實任何人都有遭受霸凌的可能性，所以絕對不是件可恥的事。

而且，即便被霸凌的孩子本身或許有些容易遭受霸凌的要素存在，但也絕對不能因此就認爲：「那個孩子當然會被霸凌」，間接肯定霸凌行爲。

霸凌有可能會奪去一個人的未來，是近似犯罪的行爲。因此，有必要在學校與家庭中經常與孩子討論相關議題，告訴孩子絕對不能使用威脅他人性命的詞彙。

當自己的孩子遭受霸凌，父母決定出面處理時，首先要到學校和師長們商量，請師長們協助確認實際情況。之後，若是用任何對策都不見改善，父母可再次前往學校在課堂上演講，這也不失爲一種處理方法。有時候，父母拼命的身影會成爲改善的契機。

另外，在某些狀況必須讓孩子暫時避免前往學校。

無論是採取什麼樣的措施，最主要的目的就是防止孩子因爲霸凌而失去生命，並想辦法協助孩子取回笑容。

處理霸凌時，單方面的訓斥霸凌方基本上無法解決根本的問題。

希望父母與教師等周遭的大人們，都能夠找到機會給予所有孩子（包含霸凌方）稱讚，對每一個孩子表達出認同，儘可能提升孩子的自我肯定感。我想，在每天每人的努力之下，累積的效果一定能減少霸凌問題。

相信孩子的可能性，正面思考持續與孩子對話

孩子現在的模樣，並非全部的面貌

我小時候，在家裡能很平常地說話，但到了幼稚園就完全不說一句話，這樣的狀態大約持續了一年半左右。這種現象稱爲「選擇性緘默症（場合緘默症）」，例如孩子身在學校或幼稚園等特定的場合，或是身處某些狀況下會感到不安，變得完全無法說話。

當時我會害怕與朋友來往，甚至曾躲在教室收納掃除用具的工具櫃中，從門縫間觀察大家的行動。聽說當時老師也曾對母親說過：「我很擔心這個孩子的未來。」

聽了老師的話，母親深感危機，也不管自己不喜歡表現自己，只顧著想：「說不定我改變我自己，女兒也會跟著改變」，因此毅然地決定參選幼稚園的家長會長。那時候母親活躍的模樣，到現在都還深深烙印在我的腦海中。

不知是否因爲母親活躍的身影對我產生了正面的影響，慢慢我精神也漸漸安定下來，上了小學之後就完全擺脫了嚴重的選擇性緘默症。現在，還進步到像當時我母親一樣，能夠站在衆人面前演講了。

我希望現在正在爲孩子煩惱的家長們，都能將「現在孩子的模樣，並非全部的面貌」這句話放在心裡。

只要耐心地、一點一滴地與孩子進行互動，一定能看到孩子明顯的成長。若我的母親當時因爲老師的評斷而感到意志消沉，每天都沉浸在負面情緒中，我想，大概就不會有現在的我。

其實孩子是能夠敏感地察知到父母的不安、悲觀與焦慮等負面的情緒。所以千萬不能因爲看到眼前有障礙的孩子就對未來感到悲觀，請務必要相信孩子的可能性，快快樂樂、積極地與孩子互動。孩子最

喜歡的，是父母的笑容與積極努力往前邁進的身影，而不是父母哭泣或是生氣的臉龐。

因孩子無法出聲而感到焦慮慌張

通常孩子負面的部分都與父母雷同。空因爲在幼稚園發生了某件事，漸漸變得無法發出聲音，甚至嚴重到離開家門就完全無法出聲，這個現象直到上小學後才有改善。和我一樣都是「選擇性緘默症」。

那時我充滿了絕望感，整個人都非常焦慮不安。但是，當我試著冷靜下來客觀接受現實之後，我調整了我的心態：「我不相信空，誰要相信呢？當媽媽的還慌慌張張要怎麼辦！總之，還是先相信兒子的可能性吧！」

剛好，那時我獲得了一個演講的機會，所以我便決定學習我的母親，讓空也看到我在衆人面前說話的樣子。因爲我覺得，我的模樣將會烙印在空的記憶中，空或許在某天也會像我一樣，能夠在衆人面前說話。

明天媽媽要在很多人的面前說話喔

演講的前一天，我和空有以下的對話。因爲我從1週前就開始在兒子們的面前用麥克風進行演講練習。或許空也很好奇媽媽在做什麼，所以很專注地盯著我的臉，聽我說話。

「媽媽明天要在很多人面前說話喔！空小時候不敢看池塘裡面的水，覺得摩托車的聲音很恐怖。雖然有很多害怕的事，但都努力克服過來了喔！明天，媽媽要把空的經驗告訴大家喔！自閉症的孩子中，也有像空一樣，會覺得車門把手看起來很像人臉，或者是覺得時鐘數字在微笑的孩子喔！雖然其他的朋友看不到，但空看得到喔！那是相當厲害、非常棒的事喔！自閉症的孩子和空一樣會害怕聲音，有很多不擅長的事，但空都很努力地克服過來了呦！以後只要多做各種練習，不擅長的事就會愈來愈上手囉！我要告訴大家，空是怎麼努力的，空學會了什麼。明天媽媽要在很多人的面前說話，你要看著媽媽喔！」

疲倦時先休息一下再出發

只要將視野擴展至世界，就能理解只要生長環境不同，想法就會不同。就像在日本被視爲常識的潛規則，其實無法套用在其他國家上。

我希望兒子能夠體會不同的好處，「正因爲有各種不同類型的人，有各式各樣的不同，所以世界才充滿精彩」。

我也希望兒子能感受到「媽媽每

天都笑著，每天都很快樂。人生並不都只有可怕和討人厭的事，也有很多快樂的事」，所以我都會用心努力與孩子一起享受生活。

當父母因爲對孩子的未來感到不安，每天都沉著一張臉，大概孩子也不會對自己的未來抱有任何希望。

因爲是人，所以一定有消極的時候。但是，雨終究有停止的一天。當遇到不順心的事情時，或是感到疲倦時，只要讓自己先休息一下，充電後再出發，只要明天有比今天前進一小步，總有一天一定能完全擺脫陰霾。只要一步步地前進，就能改善未來。最後一定能得到豐碩的果實。

父母的沉穩能改善兒子的選擇性緘默症

在我的經驗中，「父母沉穩的態度」有效改善了空的選擇性緘默症。

最初，我也無法接受空在學校變得內向、畏畏縮縮。因爲在意別人對空的看法，所以看到空無法在人前說話的模樣，總讓我感到很痛苦，而且連想法也都變得很負面，一直覺得「反正今天大概也是畏畏縮縮的樣子吧」。

現在回想起來，那時我忘記要把焦點放在孩子的優點上，以及堅決相信孩子各種可能性的勇氣，就像是「沒問題的！哪天一定能發出聲音！」的堅信。

之後，我重新調整心態：「好！不要再在意別人的目光了！就算無法在人前說話也沒關係，那就是現在空最眞實的樣子，保持現狀就好。」讓自己去接受空。當我心裡變得輕鬆後，空的態度也慢慢產生些許的變化，到最後變得能在學校說話了。在學校演說的期間，我舉了好幾個我曾經嘗試過的對策。例如：我會找朋友來家裡玩，然後帶著空與大家一起遊戲，藉由遊戲讓空放鬆。或是我會和空說我自己在幼稚園時也無法說話的故事等等。

另外，我覺得獲得自我肯定感是空再度發出聲音的另一個原因。那時空與課後托育的朋友一起練習單輪車，因爲是全員中第2個學會如何騎單輪車，所以增加了自信。孩子只要擁有自信、提升了自我肯定感，就會有飛躍性的成長。

從RISA老師的療程中，我學到的事

我試著改變自己的想法，有很大的原因是我從Masunaga Risa老師身上學到相信孩子的重要性。老師著有《正面育兒法的12心態》（主婦之友社）等書籍。

當時我對Risa老師「辦得到」的信念，以及在美國習得的超有活力的回應方式，以及笑容感到非常震撼。

Risa老師的諮商方式，舉例來說，某次老師要讓無法發出語言的

E發出「啊」的聲音。E非常想逃離該場所，因此立刻產生選擇性緘默症症狀。但是，Risa老師絲毫沒有任何動搖，依舊一邊和E遊戲一邊嘗試如何讓E發出聲音。同時不斷用強化行爲的語言鼓勵一直失敗的E，例如：「你好努力喔」、「嘴型張得很漂亮喔」、「沒關係，可以發出聲音的！」經過1小時後，E終於成功地發出了「啊」的聲音。

似乎E覺得：「這個姐姐好囉嗦，可能我出個聲音她才會放過我吧……」在用微笑不斷追擊的過程中，E的恐懼與焦躁也漸漸減少。

肯定的語言能夠改變孩子的行為

很多的父母，尤其是當媽媽的，只要孩子一抵抗就容易變得很沮喪。但是，孩子一定會感受到父母的動搖，因此一定會影響到療程無法順利進行。相反地，相信孩子一定能辦到，保持沉穩的態度，讓自己的精神層面有足夠的從容，與Risa老師一樣用笑容和肯定的語言與孩子持續互動，孩子就會變得更積極，療程也就更加順利。

就如同「將思考化爲現實」這句話，父母的不安與否定語言等同於暗示孩子：「我不可能做到〇〇」、「我是個什麼都做不好的孩子」，這些暗示將蓄積於潛意識裡，並在不知不覺中影響到孩子的性格。

因此，給予孩子肯定的語言是件非常重要的事。經由正面的肯定語言：「我可以做到〇〇」、「我是個溫柔的孩子」等意識就會在潛意識中不斷放大，孩子便能在無意識的情況下愈來愈肯定自己，最終反應至外在行爲上。

孩子其實也很想當個好孩子

當孩子診斷出有發展遲緩時，要父母立刻接受這個事實真的不是件容易的事。想要否認或抵抗的心情很理所當然。所以不用逼著自己一定要立刻接受。

但是，請不要對孩子的未來感到絕望，也請不要抱有「反正做什麼都無法成功」等全面否定的想法。首先，請認同孩子最真實的模樣。若父母不認同孩子最真實的模樣，孩子就無法擁有向前邁進的勇氣。感到痛苦的不只有父母，若父母整天垂喪著一張臉，孩子也會感到難過。

孩子也想當個討父母喜愛的乖孩子，但是卻因爲與生俱來的特性，有時不小心做出一些讓父母感到焦躁的行爲。但這眞的是孩子的錯嗎？

空有段時期會因爲自己無法順利完成學校的功課，而對自己感到生氣，一生氣就邊罵著自己邊用拳頭敲自己的腦袋，做出自殘行爲。我也因爲不想看到那個畫面，便怒斥空：

「停！不要打自己！」

但是，當我試著站在孩子的角度思考後，發現「孩子也不是因爲想要打自己才打自己的」。後來我對空說：「做不好所以很生氣吧」表現出我對他認同的心情。

說完，空一反抵抗的態度，哇地大哭了起來。一邊哭一邊還對我說：「一直做不好，好煩。和媽媽生氣，明明不想和媽媽生氣的，但還是生氣了……」

先從接受並認同孩子的狀態開始

聽到空的自白，我發現：「最痛苦的是孩子自己。孩子對無法控制自己的自己也感到很焦慮、痛苦。這是孩子用盡全力後的模樣」。同時我再次深深感受到父母要隨時站在孩子的立場上，隨時告訴孩子自己能夠理解其心情的重要性。

那時，我和空說：「空的頭頭裡面有煩煩蟲喔！所以，空覺得煩煩不是空的錯喔！媽媽也努力想想看要怎麼辦，所以一起來趕走煩煩蟲吧！」

首先請接納孩子的狀態，從認同這一點開始做起。理解孩子「因爲孩子有障礙的特性，所以才會做不好某些事，才會有些不適當的行爲」而不是一開始就抱有「因爲我討厭這個行爲，所以不管怎樣都要想辦法改變」的想法。在能夠完全理解、接納孩子之後，父母必須認清「能夠幫助孩子改善這些行爲的人，只有父母」，再想出具體的對策慢慢地引導孩子。

只要堅定確信孩子「總有一天能辦到」，那份信心與態度就會傳達給孩子；而孩子一定也會相對地回饋給您，孩子也會堅信父母，安心靜下來慢慢地學習。美國知名著作：《Ten things your student with

autism wishes you knew》（Ellen Notbohm著）中如此介紹了某位自閉症兒：「我能感受到很多事情，很多無法傳達給其他人的事情。其中最能感受到的是你是否相信我『我能辦得到』」。

感到無法前進時，請借助他人的幫助

剛開始進行ABA時，應該會感到很多疑慮與不安，也會覺得受阻，無法順利進行。此時，請考慮看看借助ABA治療師、自閉兒父母會、網路群組諮商等管道的力量。在我之前也有很多非常有經驗的大前輩。因爲您不是孤單一人，所以請千萬不要自己一個人悶著苦惱。

有時候自己一個人無法解決的事情，在借助其他人的力量後也能順利解決。父母也需要擁有充電的時間。家人、朋友、同地區人士等都是能夠借助力量的人，可以懷著感恩的心借助他們的力量。然後，未來再用您自己的經驗幫助正在煩惱的其他人。

請重視「培養孩子的生存能力」，要讓孩子儘可能地獨自完成身邊的事情，要讓孩子在父母過世後也能笑著自立生存下去。爲了達到這個目標，就要相信孩子的可能性，用燦爛的笑容與開朗的態度一步步持續與孩子保持互動。

因爲孩子現在的模樣，並非全部的面貌。

結語

有很多孩子被診斷爲發展遲緩的父母在碰到ＡＢＡ時，都會覺得看到了希望之光，認爲「用這個療育法說不定我家的孩子也能成爲普通的孩子！」把ＡＢＡ當作救命的稻草，急匆匆地想展開療育。我也是一樣。

但是，「普通的孩子」很容易產生誤解。有很多人會提出：「什麼是普通？」、「每個人都有自己的個性，太勉強孩子很可憐」等見解。在我主張：「進行ＡＢＡ，就能夠改變孩子！」時，就有人提出：「你說改變，是表示現在的孩子不行嗎？」我瞬間無法回答。

的確，「或許能成爲普通孩子」這份期待與父母認爲孩子應該「必須和大家一樣」的觀念有關，有時候責備孩子的失敗也會把孩子逼得太緊。所以，最重要的是必須先建立起「大家都不一樣，大家都很好」的觀念，接受孩子的特性，並非要求孩子「要成爲普通的孩子」、「必須如何如何」。

但是，若讓孩子自然生長，有些孩子會永遠無法擁有語言能力與社會性。孩子即使有很多不會的事，只要接受適當的輔導，也能慢慢增加會做的事情，孩子的自信也會增長。爲了讓孩子在父母過世後也能在社會上生存，過著幸福的日子，除了記得「不勉強孩子」之外，也要時常告訴孩子：「即使做不好還是最喜歡你！」並同時協助孩子成長。

兒子空上了小學後，已經會和朋友約出去玩，也能和父母開心聊天了。甚至成長到能夠幫忙接手家事，在我趕時間的時候，兒子也會告訴我：「後面的事交給我，媽媽趕快出門」，非常可靠。雖然還有很多課題，但是我現在已經沒有過去的悲觀。儘管未來還是困難重重，但一定能跨過。我能夠這麼想，也是托了ＡＢＡ的福。

部分歐美地區因爲認同ＡＢＡ在早期階段的療效，所以有提供公費負擔發展遲緩兒的ＡＢＡ治療。孩子有顯著的改善，未來就能工作，成爲納稅者：意即「用長遠的目光來看，擁有減輕財政負擔的可能性」。

雖然日本最近也開始提倡公費補助療育費用，但實際內容遠不及歐美國家。非常希望ＡＢＡ在日本能更普及，能夠幫助正在苦惱的家庭，讓社會上增加更多笑容。若是經由本書多多少少能盡到推廣的目的，將會是我的榮幸。

在各方面的幫助下，此書才得以見世。

協助監修的平岩幹男醫生，長期以來用各種療育法提供各種不同特性的孩子最適當的建言與療育，幫助了相當多的家庭。醫生也運用了豐富的臨床經驗，給了我很多內容上的建議，在此致上最深的敬意。

除此之外，各個療育、育兒相關機構的人士也指導了我非常多的細節。之所以我對我自己進行的機會利用ＡＢＡ語言互動有如此自信，是因爲我遇到了「Colon」代表・Masunaga Risa女士，從她身上學到了很多東西。在我剛開始學習如何做一位療育諮商師時，也受過「Tsumiki會」代表・藤坂龍司先生、「AUTISM FAMILY NETWORK」代表・若井道子女士的各種照顧。真的非常感謝！在「WAKENERS」的心靈講座上，我漸漸安穩住我的心，阻塞於心中的種種不安與淤積也慢慢得以清除，讓我的生活變得更容易。感謝藤井康夫醫生、船盛紀有醫生。

另外，我也要在此感謝「療育教室 Kotobato」代表・大北友女士、醫療記者福原麻希女士，給了我許多專業的意見。還有所有我在從事療育諮商時遇見的每個家庭。

還有，幫我繪製可愛插圖的得能史子女士、編輯高月順一女士、嘉山恭子女士、伊藤淳子女士，感謝大家的協助，這麼棒的書才能得以見世。最後，我還要感謝一路以來支持著我的家人們，謝謝！

shizu

推薦書目與網站

以下是我自己曾經讀過，覺得非常實用的書單與網站。

發展遲緩相關書籍

- 『自閉症スペクトラム障害』平岩幹男　岩波書店
- 『あきらめないで！自閉症幼児編』平岩幹男　講談社
- 『幼稚園・保育園での発達障害の考え方と対応　役に立つ実践編』平岩幹男　少年写真新聞社
- 『発達障害の子の感覚遊び・運動遊び』木村順　講談社
- 『育てにくい子にはわけがある』木村順　大月書店
- 『自閉症を克服する』リン・カーン・ケーゲル、クレア・ラゼブニック 著　中野良顯 監　八坂ありさ 訳NHK出版
- 『ママがする自閉症児の家庭療育　HACプログラム』海野健　HACの会

專門解說ABA的書籍

- 『発達の気がかりな子どもの上手なほめ方しかり方』山口薫　学研教育出版
- 『親と教師が今日からできる家庭・社会生活のためのABA指導プログラム』ブルース・L・ベイカー、アラン・J・ブライトマン 著　井上雅彦 監訳　挙市玲子、谷口生美訳　明石書店
- 『家庭で無理なく楽しくできるコミュニケーション課題30』井上雅彦 編著　藤坂龍司 著　学研教育出版
- 『できる！をのばす　行動と学習の支援』山本淳一、池田聡子　日本標準

- 『叱りゼロで「自分からやる子」に育てる本』奥田健次　大和書房
- 『ＣＯＣＯＲＡ　自閉症を生きた少女』１　小学校篇　天咲心良　講談社

陪伴您度過育兒低潮的書籍

- 『「言葉がけ」ひとつで行動が変わる！　子どもの叱り方・伝え方』ｓｈｉｚｕ　ＰＨＰ研究所
- 『「育てにくい子」と感じたときに読む本』佐々木正美　主婦の友社
- 『ポジティブ子育て12のこころえ』ますながりさ　主婦の友社
- 『自分を愛する力』乙武洋匡　講談社
- 『ありがとう３組』乙武洋匡　講談社
- 『子育てハッピーアドバイス　大好き！が伝わるほめ方　叱り方』明橋大二　１万年堂出版
- 『心屋仁之助の今ある「悩み」をズバリ解決します！』心屋仁之助　三笠書房
- 『ツイてる！』斎藤一人　角川書店
- 『「自分磨き」はもう卒業！がんばらずに、ぐんぐん幸運を引き寄せる方法』鈴木真奈美　ＰＨＰ研究所
- 『今日を「いい気持ち」で生きるレッスン』海原純子　三笠書房

由發展遲緩兒家人所撰寫的書籍

- 『わが子よ、声を聞かせて』キャサリン・モーリス著　山村宜子訳　ＮＨＫ出版
- 『教えて、のばす！発達障害をかかえた子ども　～幼児期のＡＢＡプログラム～』平岩幹男 監修　宍戸恵美子 著　少年写真新聞社
- 『「ママ」と呼んでくれてありがとう　自閉症の息子と歩んだＡＢＡ早期療育の軌跡』杉本美花　学研教育出版

- 『ありのままの子育て』明石洋子　ぶどう社
- 『一日千笑、苦あれば楽あり』星先薫　くもん出版

推薦網站

- 成為幸福的母親。育兒支援網站：http://www.age18.jp/back_merumaga.html
PAPIISHIGAMI的免費簡訊漫畫。適切的育兒建議，讓人覺得溫暖窩心。
- 平岩幹男官網：http://rabbit.ciao.jp/
本書監修．平岩幹男醫生的官網。
- 自閉症療育與幼兒早期教育廣場：http://autism-park.sunnyday.jp/
平岩幹男醫生經營的網站，可透過Mail諮詢。
- Colon：http://colon-family.net/index.html
第156～157頁介紹的Masunaga Risa代表任職的「一般社團法人Colon」官網。
- 療育教室 Kotobato：http://cotobato.jp/
大北友官網。網站內提供許多課題設定與建議。
- Kanmoku網站：http://kanmoku.org/
選擇性緘默症兒輔導資訊交換網路團體官網。
- Concord：http://ameblo.jp/grandconcord/
財團法人WAKENERS經營的部落格。WAKENERS為專門舉辦育兒計畫、指導講座的團體。
- 幫助發展遲緩兒成長的魔法語言：善用ＡＢＡ，與自閉兒快樂度過每一天：http://ameblo.jp/kirakirahikaruhoshi117/
ｓｈｉｚｕ的部落格。部落格中介紹許多推薦教材，以及各種日常生活中可進行的ABA互動法。

國家圖書館出版品預行編目（CIP）資料

幫助遲緩兒的魔法語言互動/shizu著 ； 劉好殊譯. -- 二版. -- 臺北市 ： 書泉出版社, 2023.01
面 ； 公分
ISBN 978-986-451-292-8(平裝)

1.CST: 兒童生長遲緩 2.CST: 早期療育

529.6 111020172

3IDV

幫助遲緩兒的魔法語言互動

作　　者－shizu
監　　修－平岩幹男
譯　　者－劉好殊
編輯主編－王俐文
責任編輯－金明芬
封面設計－姚孝慈
出 版 者－書泉出版社
發 行 人－楊榮川
總 經 理－楊士清
總 編 輯－楊秀麗
地　　址：106臺北市和平東路二段339號4樓
電　　話：(02)2705-5066　傳　　真：(02)2706-6100
網　　址：https://www.wunan.com.tw
電子郵件：shuchuan@shuchuan.com.tw
劃撥帳號：01303853
戶　　名：書泉出版社
總 經 銷：貿騰發賣股份有限公司
地　　址：23586新北市中和區中正路880號14樓
電　　話：886-2-82275988
傳　　真：886-2-82275989
網　　址：www.namode.com

法律顧問　林勝安律師

出版日期　2019年 1 月初版一刷（共六刷）
　　　　　2023年 1 月二版一刷
　　　　　2025年 2 月二版三刷

定　　價　新臺幣300元